W9-DDJ-280

HEALING THE HARM DONE

HEALING THE HARM DONE

A Parent's Guide to Helping Your Child Overcome the Effects of Sexual Abuse

Jennifer Y. Levy

Translation of Spanish Version by
Pilar Guerra and Ken Fackler

Versiones en inglés y español están incluidas.

Copyright © 2005 by Jennifer Y. Levy.

ISBN: Softcover   1-4134-5547-6

All rights reserved. No part of this book may be reproduced or transmitted in any form or by any means, electronic or mechanical, including photocopying, recording, or by any information storage and retrieval system, without permission in writing from the copyright owner.

This book was printed in the United States of America.

To order additional copies of this book, contact:
Xlibris Corporation
1-888-795-4274
www.Xlibris.com
Orders@Xlibris.com
24222

CONTENTS

Some Basic Information 9
    A note on style 9
    How can the Internet help me to deal with these issues? 9
    What this guide can't do. 10

Helping Your Child Heal 11
    Why can't we just forget it ever happened? 11
    How serious are the effects of sexual abuse? 11

Helping Yourself 13
    I don't need help! 13
    It's not fair! 13
    I need a break! 14
    How can I take care of myself? 14
    I was abused as a child. I can't believe it happened to
        my child, too! 15

Therapy 16
    How do I find a good therapist? 16
    How do I know if I have found the right therapist? 16
    How can we afford therapy? 17
    What about family therapy? 18
    What about confidentiality in therapy? 19
    How can I stay informed about my child's therapy? 19
    What about group treatment? 20
    What about treatment for the abuser? 20

Fears and Sleep Problems 22
    My child is scared of everything. Why? 22
    What if there is a real reason to be afraid? 22
    Why is my child scared by ordinary things and events? 23

What can I do about my child's sleeping problems? 24
How can I help my child deal with bad dreams? 25

Troublesome Behaviors 27
Why does my child act so angry? 27
What can I do about this angry behavior? 28
How can I prevent out-of-control behavior? 29
What does my anger have to do with it? 29
My child is doing the most embarrassing things! Why? 30
Why is my child always touching herself? 30
What do I do about inappropriate sexual behavior? 31
My child initiated sexual activity with another child.
      Is he an abuser himself? 32
Is there anything else I can do to prevent negative behavior? 33
My child tells everyone about the abuse! 33
Why is my child doing so poorly in school? 34
How can I tell if my child really needs help or
      is just manipulating me? 34

Helping Your Child to Become a Survivor 36
Could this happen again? 36
Why does my child still think the abuse was his/her fault? 36
Will my child have a normal sex life as an adult? 37
What special issues are there for my daughter when
      she begins dating? 38
Does the abuse mean my son will be a homosexual? 39
What special issues are there for my son when
      he begins dating? 40
How can I help my child rebuild self-esteem? 40
What can I do about my child's depression? 41
How long does my child have to be in therapy? 42
What is a survivor? 42

Spanish Version of Book 45

This book is dedicated to all the clients—
children, adult survivors, and parents—who have done
me the honor of sharing their stories and their pain with
me over the years. I respect you for your strength and I
hope your healing journeys continue.

SOME BASIC INFORMATION

A note on style:

Both boys and girls may be victims of sexual abuse. In order to make this guide relevant to all parents, without using the awkward "his or her" all the time, I have alternated "he" and "she" when discussing children. Unless a topic is clearly specified as pertaining to males or females only, all statements are applicable to both boys and girls.

How can the Internet help me to deal with these issues?

A vast amount of extremely helpful information is now available online. It would be a shame to ignore this immense resource, even while acknowledging that not everybody is computer literate or has a computer at home. Nearly every public library has computers that you can use to find information through the Internet, as well as simple books on how to do so. If you feel too stressed to learn at this time, you may wish to ask a friend or family member to assist you (most teenagers can show you how to find almost anything on the Internet!). References to various websites or sources of Internet information are scattered throughout this Guide. **The website for Hope Through Healing Publications, http://www.xlibris.com/HealingtheHarmDone.html has links to all the websites given in this Guide. All you do is go to that site and click on items listed under "Links."** Your therapist, attorney, or victims' services advocate may find some of these resources helpful in supporting you and your family. Do remember that there is also a great deal of nonsense available on the Web. Just because something is posted does not mean it is true. In particular, statistics tend to be thrown around without any backing and opinions may be presented as fact. Be sure you know where the information is coming from and evaluate it critically before you accept it as true.

What this guide can't do.

This guide is meant to help you deal specifically with your child's emotions and behaviors. It is not intended as a means to discover whether or not your child has been sexually abused, and none of the effects discussed should be taken as proof of abuse. For example, abused children frequently have nightmares, but so do many other children. This guide assumes that you have already been through the initial stages of shock and disbelief and that you now know that your child was abused. There are other books available which describe how to prevent abuse, report it to the authorities, and deal with the legal system and child protective services. They are available at your local library or bookstore. This book is not a substitute for professional help. Whenever a child is abused, whatever the circumstances, families are under tremendous stress. This is not a do-it-yourself project. This Guide will help you to find a therapist who is experienced and skilled in working with children and families and who is particularly knowledgeable about sexual abuse.

HELPING YOUR CHILD HEAL

Why can't we just forget it ever happened?

Your child has been sexually abused. Maybe it was just recently, or maybe it was years ago. Once you have taken action to ensure that your child is safe, it is natural to wish that the whole ugly situation would just fade away. You may think your child will be better off if you don't discuss the abuse and you try to act as though everything is normal. The truth is, however, that your child is living with the after-effects of the abuse and needs your help in overcoming them. As painful as it is to both you and your child, you can't pretend nothing has happened. Doing so will leave your child all alone to cope with emotional pain.

How serious are the effects of sexual abuse?

It depends on your child, the situation, and your response. This guide will inform you about some of the most common consequences of abuse and how to handle them. Each child is different, but in general it is tougher on kids if the abuser is someone close to them, like a father or stepfather; if the abuse has been going on for a long time; if violence was involved; if they blame themselves; if they don't have a supportive adult who believes them; and if their lives are severely disrupted by the discovery of the abuse, for example, if they must go to a foster home.

Sexual abuse may cause any or all of these symptoms and behaviors: trouble sleeping or eating, nightmares, unusual fears, anxiety, depression, aggressive behavior, overly sexual behavior, anger, self-blame, difficulties in trust, and poor self-esteem. Depending on the age of the child, she or he may act younger than his/her actual age, for example by wetting the bed or talking baby talk. An older child or teen may run away, use drugs or alcohol, become sexually promiscuous or avoid romantic relationships, be vulnerable to repeated abuse or rape, or become especially defiant. An adult with a history of child sexual abuse may suffer from anxiety or depression, have difficulties in establishing healthy relationships, have trouble trusting others, drink excessively or use drugs, victimize others, and have little self-respect.

The purpose of talking about these possibilities is not to frighten you or to make you think your child is doomed to a life of unhappiness. Many people who were sexually abused as children go on to live happy, productive, healthy lives. Your child has a better chance of being in that group if you take an active stand as his or her advocate. That means acknowledging the reality of the abuse, seeking appropriate help for you and your child, and educating yourself about what your child is experiencing and how you can help.

HELPING YOURSELF

I don't need help!

Of course you do! Regardless of the circumstances, your child's abuse affects you and everyone in your family. You probably feel pretty crazy at times. If your spouse or partner was the abuser, your life has been turned completely upside down. Whether you decide to separate or to stay together, pain and disruption will be in your life for a long time to come. Even if a stranger or an acquaintance abused your child, you probably feel guilty and you may even feel incompetent as a parent. Every parent knows it is your job to protect your kids. Even if a stranger snatched your child from the front yard, you will ask yourself, "Why didn't I . . . ?" If you discover that the abuse has been going on in your household for years, you will ask yourself a million times how it could have happened without your knowing.

If your child is in therapy, it is important that you have access to either that therapist or your own therapist for some individual time to work on your own pain. You can't help your child if you are hurting so badly that you can't function. You need your own opportunity to express anger and pain so that you won't inflict your worries on your child. You may find help from a parents' support group (ask your local rape crisis or sexual abuse program about where to find one). Don't ignore your own need for support while you heal.

It's not fair!

Just at the time when you may be in the gravest crisis (a marital separation, betrayal by a member of your own extended family, or your own guilt), your child needs you the most. You may not be able to sleep at night because you are depressed and scared—and there is your child, having nightmares and needing comfort. And to top it off, although you love your child dearly and you know she is having a very bad time, she is unbelievably obnoxious! The old saying, "A child needs love most when he deserves it the least," seems to be true. Somehow you have to put aside your own concerns (which you can do more effectively if you take advantage of some help for yourself) and attend to your child.

I need a break!

You are a real human being who cannot make up for your own guilt or your child's pain by trying to be Super-Parent. If you are a single parent, let people you trust help you out. If your partner is not the abuser, lean on each other and try to give each other a break. It is difficult because your own trust in other people has been badly damaged and you may believe you have to be with your child constantly. Try to find safe respite so you don't completely burn out.

How can I take care of myself?

During any time of crisis, it is important to attend to your own physical, mental, and spiritual needs so that you can be as strong as possible. Simple self-care strategies are often forgotten when you are feeling overwhelmed. It is important to eat healthfully, even if you have no appetite. Try small, easily digested snacks every two to three hours if you can't force yourself to have a meal. If you are not eating normally, take a multivitamin every day. Try to get some regular exercise, such as walking. This helps your brain produce chemicals that help you to feel calm. Don't increase your caffeine, cigarette, or alcohol consumption to deal with the agitation you feel—it may help short-term but these substances can increase anxiety, depression, and irritability. If you have religious beliefs, continue to attend your house of worship and talk to your religious adviser in confidence about what is troubling you. Take a few minutes each day to be outdoors and appreciate your surroundings, to remind yourself that the world contains beauty as well as ugliness and suffering. If you are having trouble sleeping, get some rest. If insomnia persists, consult your physician, but be wary of over-reliance on sleeping pills. They are safe and effective for short-term use only.

I was abused as a child. I can't believe it happened to my child, too!

Sexual abuse of children, unfortunately, is so prevalent that it is not unlikely that you were also abused as a child. Your child's experience may reawaken your own awful experiences. This is one of the reasons it is so important to have a therapist or a support group of your own. There are layers and layers of hurt when your own child goes through your worst nightmare. This is not the time to do a great deal of exploration of your own issues—you just want help in coping with your own after-effects so you can help your child. At some point in the future, you may want to dig into your own past. Remember that your child is not the same person you were at the time of the abuse, and his or her reactions and experiences may be very different from your own.

You deserve credit for dealing directly with the abuse of your child by reading this Guide even though the subject is doubly painful for you. Some parents with abuse histories of their own deny or minimize their child's victimization. Having dealt with their own pain by trying not to think about it, they continue to avoid dealing with the topic even though this means their child does not receive appropriate support. Another pitfall is projecting your own (undeserved) anger at yourself for having been a victim onto your child. Most adult survivors of abuse overestimate their own ability to have stopped the abuse or escaped from their abuser. It is important not to put that burden on your child.

There are many excellent books available for adult survivors of abuse, and nearly every community has a support group for adults abused as children (check with your local rape crisis center). The only positive aspect to the terrible situation of an adult survivor's child being abused is that sometimes both the parent and the child have an opportunity to heal.

THERAPY

How do I find a good therapist?

Your local child protective services office, women's center, or rape crisis center should be able to help you to find someone with special skills and competency in this area. The therapist may be a professional counselor, a clinical social worker, a psychologist, or (less likely) a psychiatrist. A professional counselor ordinarily has a Masters degree in counseling or psychology; a clinical social worker will have a Masters in social work; a psychologist has a doctorate (Ph.D. or Psy.D.) in clinical or counseling psychology; and a psychiatrist has an M.D. degree and is a medical doctor who has specialized in psychological problems. No matter what the therapist's specific profession, he or she should be licensed by the state in which he or she practices. Many states now have websites on which you can look up a mental health professional's licensure status and you may also be able to access some additional information such as whether the person has been the subject of a disciplinary action. You can find information on psychologists at *http://www.apa.org* or *http://www.nationalregister.com*. You can find a clinical social worker by specialty and location at *http://www.socialworkers.org*.

Your therapist may give you this book, or if you obtain it independently, you should show it to the therapist so you are working in the same direction.

How do I know if I have found the right therapist?

Once you have done the basic credential check and tried to get a recommendation from someone whose opinion you trust, you must trust your own intuition. Obviously, any kind of therapy will be stressful during this period of your family's life. However, you should feel basically comfortable with the therapist. You are free to ask questions about the therapist's background and expertise, and a good therapist will answer such questions without defensiveness. You should not feel that the therapist is patronizing or disrespectful to you in any way. The therapist should be willing to discuss the goals of therapy, the anticipated length of therapy, fees and insurance, and confidentiality issues freely and openly. You should feel that you and/or your child have the therapist's full attention and care during your appointment and that your concerns are treated seriously. All other things being equal, more experienced therapists are generally more skillful than beginning therapists. Pleasant front office staff, competent billing people, and a convenient location are all positive factors. If you or your child needs antidepressant or anti-anxiety medication, a therapist who practices collaboratively with a good psychiatrist will be able to work cooperatively with the doctor to ensure that treatment is appropriate.

How can we afford therapy?

Good therapy may be expensive. If you have health care insurance, you probably have some mental health benefits. Call your insurance company and ask about the benefits and whether you must choose a provider from their approved list. Be sure you ask for someone with special expertise in working with children and families on issues of abuse. Sometimes, if there is no one on the list who meets your needs, insurance companies will make an exception and pay for "out-of-network" services. Be aware that many health maintenance organizations (HMOs) and managed care insurance plans will reimburse for a very limited number of sessions. Because abuse affects so many aspects of a child's life, therapy may require more time than your insurance will allow. Talk to the therapist at the first session about the anticipated length of treatment and what will happen if the insurance company balks at authorizing enough sessions.

There are lower cost alternatives to private therapy that can sometimes be very good. Nearly every area has a community mental health center, which is government funded and usually works on a sliding fee scale. The trade-off is that you may get inexperienced therapists, therapists without a specialty in treating abuse survivors, or very limited treatment. Again, your local rape crisis center or women's resource center or your child's school guidance counselor may be able to help you figure out where to get good care. Some universities have low-cost psychological services centers, and there are nonprofit family service agencies that offer treatment on a sliding scale basis. Your employer may offer services through an Employee Assistance Plan (EAP), which usually provides short-term treatment, evaluation and referral. They may be able to help you to find an appropriate therapist for longer-term treatment, or provide a few necessary individual or couples sessions for you and/or your spouse. Your Child Protective Services division of the state department of social services may have qualified therapists available at low cost or no fee at all. Some states call these departments by different names, such as "Department of Children and Family Services," but in any case it is the agency to which child abuse must be reported.

Some states have Victim Assistance programs that pay part or all of the counseling fees of crime victims. As long as there is a police report on the abuse, the victim may be eligible for payment or reimbursement of therapy expenses. Many Victim Assistance programs are run by the prosecutor's office in court. Call your local court services unit to find out whether this is available to you. You may have to find a therapist who is willing to wait for payment, if you are unable to come up with the fees up front. Most such programs pay for only the counseling that is directly related to the crime. So, for example, if your child has Attention Deficit Hyperactivity Disorder (ADHD) and has been abused, only the therapy relating to the abuse (and not that which addresses the ADHD) would be reimbursable. The National Organization for Victim Assistance (NOVA) has extensive information available on its website: *http://www.try-nova.org*.

Another option is to have the court order the abuser to pay the costs of therapy for the victim. This may be done as part of a plea bargain agreement. You can ask your attorney or the prosecutor about the possibility of this arrangement. Some abuse survivors have sued their abusers in civil court for the cost of treatment. Consult an attorney if this is an avenue you would like to explore.

What about family therapy?

Family therapy is an extremely helpful method of addressing issues that affect the entire family. Abuse certainly does have an impact on every member of the family, and there are times in the treatment process when family therapy makes a great deal of sense. However, individual therapy (by itself or combined with some family treatment) may be more appropriate in certain situations, for example when a teenager needs to talk about the abuse in detail but does not want to do so in front of his or her parent(s). Family therapy is **not** appropriate when it includes an abuser who has not been through extensive individual and group treatment. No child should have to work through the initial phases of dealing with the abuse with the perpetrator in the room. Family therapy that includes the abuser should happen if and ONLY if (1) the abuser has completed an extensive program of individual and group treatment; (2) you plan to live with the abuser again; (3) the Child Protective Services worker believes that it is appropriate; (4) the child's therapist believes that it is appropriate; and (5) the child is not fearful or opposed. If the abuser is your partner, you should almost certainly do some extensive therapeutic work as a couple before the child is ever involved in family treatment.

What about confidentiality in therapy?

Most of what is said in a therapeutic relationship will remain confidential. However, every mental health professional (as well as teachers, medical personnel, child care workers, and others) is required by law to report any suspicion of child abuse. This is not negotiable. If the abuse has not yet been reported when you seek therapy for your child, the therapist will work with you to report it appropriately and to help you and your child to deal with the consequences. Also, if a client becomes suicidal or threatens to harm others, therapists may break confidentiality to ensure safety. In some cases, records may be subpoenaed by the courts (legally requested). If the clients do not want their records released or if the therapist believes it is not in the client's best interests, even court subpoenas can be challenged, often effectively. Be sure your therapist or your child's therapist discusses confidentiality issues clearly and fully with you at the very first session. Ask questions about anything that is unclear to you.

How can I stay informed about my child's therapy?

If your child is very young (a toddler or preschooler), you may be present for all or most of your child's therapy sessions. With an older child, you have to balance your desire to know how he or she is doing with your child's need to have a private opportunity to open up to a therapist. Talk to your child's therapist in the very beginning about these issues and clarify what is and is not confidential. A teenager in individual treatment should have a great deal of privacy, with sharing of general treatment goals and progress to occur with the young person's full knowledge.

What about group treatment?

Group treatment can be extremely helpful. Teenagers, for example, will often open up and share more in a group of their peers than one-on-one with an adult. You may find a parents' support group is a godsend. It provides a safe, private place to confront all the turmoil in your life in the company of others who truly understand. Rape crisis centers often sponsor support groups, as do mental health centers and some family service centers. There is also a national group called Parents United International that works primarily with incest cases and offers services for abusers, spouses, and survivors. Your Child Protective Services department should be able to tell you how to contact the local chapter. If you yourself are a survivor of sexual abuse or domestic violence or if you are in recovery from substance abuse problems, you will find issue-specific support groups to be a valuable resource. If there is an alcoholic in your family, your children may benefit from Ala-Teen, a program of Alcoholics Anonymous, and you may find support in Al-Anon. There are Ala-Teen and Al-Anon groups in almost every area of the country (see *http://www.aa.org*).

What about treatment for the abuser?

If the abuser is your partner, the child's parent, or a close relative, you have an interest in seeing that he receives appropriate treatment. First of all, very few abusers enter treatment voluntarily. Court-ordered treatment is generally the only route for most abusers to enter therapy. However, just "therapy" is not enough. Many abusers have been ordered into treatment, during which they simply denied the abuse and focused on side issues, such as feeling depressed. Inexperienced therapists may be taken in by abusers' "sob stories" and wind up serving as their advocates rather than confronting them with their actions.

Some states now have certification requirements for therapists providing treatment to sexual offenders. Make sure that any court-ordered treatment for the abuser is done by such a certified provider or someone with similar credentials. The Association for the Treatment of Sexual Abusers (ATSA) has developed credentialing guidelines and guidelines for treatment. Their excellent website provides a great deal of information about sexual offenders and appropriate treatment for them (*http:// www.atsa.com*). Familiarize yourself with these guidelines and press the prosecutor and/or the judge to ensure that appropriate treatment is ordered. Do NOT agree to participate in couples or family therapy with the abuser as an alternative to his receiving appropriate individual and group treatment. Most professionals in this field believe that group treatment, often in conjunction with individual therapy, is the treatment of choice because it helps to break through the inevitable denial of the abuser.

There are comprehensive treatment programs for sexual offenders in some areas. These programs require a full evaluation and then offer group and individual treatment. Some also offer services to the child and the family.

If the abuser is a teenager, residential treatment may be required. Especially if he or she is your teenager and living under the same roof as the victim, it may be essential for the abuser to be removed from the home for a while to receive intensive treatment. Many areas now are focusing on the very serious problem of juvenile sexual abusers and some excellent programs have been developed. Again, the ATSA web page is a valuable source of information about juvenile offenders and appropriate treatment for them.

Be aware that even if the abuser is a serious drug abuser or alcoholic, substance abuse treatment alone will not solve the child abuse problem. While drug and alcohol abuse may certainly be contributing factors to molestation, just because an abuser gets clean and sober does not mean that he will never abuse a child again. The issues involved in the perpetration of child abuse are complicated and deserve dedicated treatment focused on those topics. Yes, the person must resolve the substance abuse issues for a variety of reasons, but a substance abuse treatment program or 12-step program is only one component of a full treatment plan.

FEARS AND SLEEP PROBLEMS

My child is scared of everything. Why?

When a child bas been abused, his or her basic sense of safety in the world has been damaged. Little children are generally trusting and, although they do experience fears from time to time, they usually feel safe. An abused child has learned that life can be unpredictable and very frightening. For example, a previously very independent 10-year-old may refuse to go upstairs in the house unless a parent is with him. A 7-year-old girl who liked to play with neighborhood children may stay inside all the time.

Be patient with these fears. Don't ridicule the child and don't tell her she is silly to be scared of the dark, for example. Do try to encourage her to venture out a little at a time, and offer support. For example, the child who is afraid to be upstairs alone can be encouraged to go up with you and then to stay a few minutes after you have gone downstairs. Provide reassurance but be clear that you expect the child to overcome the fears at some point in the future.

What if there is a real reason to be afraid?

If your child was molested by someone who is still at large, it may be hard for you to handle his fears when there is still real danger. Reassure your child by providing concrete examples of how you are protecting him. For example, you may get a burglar alarm system installed—have your child there when you first test it and explain how it works. Get new door and window locks if necessary, and if practical you might want to consider a dog. Even a small dog that is protective and barks can help a child feel safer. Do not get a pet at this time if your child is acting aggressive and might actually hurt the dog (you might borrow a friend's dog for a few days to see how your child reacts).

Be creative about ways to make your child feel safe. Take her to the police station if there is one in the neighborhood and prearrange for a police officer to talk to her about how they will help to protect her. If she is old enough to use it responsibly, buy a personal alarm that she can put in her pocket and which will emit an ear-piercing siren when activated. Do not buy her mace or pepper spray—these are banned by most schools and she could be expelled for carrying it. If she is scared to play in the yard, pull out a lawn chair and stay out with her. Consult with the police or a rape crisis center about ways to increase your child's safety if the abuser is still "out there."

It is important for you to be honest with yourself about your responsibility to protect your child. If you have a relationship with the abuser, you may be tempted to let him see your child even if Child Protective Services or the therapist thinks it is unwise or the court has prohibited this. Love, pity, and convenience sometimes win out over common sense. This is a very bad idea. It means you are still in denial, which will not help your family or even the abuser. In extreme cases, you could even lose custody of your child if the court believes you are not protecting him or her properly. It is very difficult to abide by all the restrictions that may be established for your child's safety, especially if it has been a long time since the abuse has been discovered and you desperately want to put it all behind you. If you are not willing to live with the restrictions imposed, however, you are not being fair to your child and you are increasing the risk that the abuse will happen again. Even abusers who have been incarcerated may molest the same child again. Keep your guard up and show your child you will keep him safe.

Why is my child scared by ordinary things and events?

When something overwhelmingly awful happens to a person, we call that a *trauma*. Someone who has experienced trauma may react to certain things called *triggers*. For example, soldiers who fought in Vietnam would sometimes experience intense fear and panic back home when they heard the sound of a helicopter. A woman who has been attacked may jump up in terror when a co-worker innocently lays a hand on her shoulder. Children who have been sexually abused may respond to certain things that remind them of the abuse. For example, if the abuser had a beard, a young child may hide under the furniture if a guest with a beard comes into the house. Certain smells and sounds may also serve as triggers. A trigger can produce an intense fear reaction, with pounding heartbeat, sweaty hands, and difficulty in breathing. The child himself may not know why he is afraid of a particular person or thing. Your understanding this process will help you to be supportive to your child. Letting your child's therapist know about these kinds of experiences will also help your child to progress in treatment.

What can I do about my child's sleeping problems?

This is a common after-effect of any bad experience. It can be one of the most difficult to cope with, as a parent, because you become sleep-deprived as well. Most of us feel irritable and miserable if we don't get enough sleep. Your strategy here is to help your child to feel more secure and not to abandon him to his fear, but not to support behaviors that can become bad habits.

Children commonly want to come into their parents' bed when they are afraid. Because you are warm and cuddly and provide a sense of security, they may never want to leave! Unless you want to give up your own privacy and comfort indefinitely, don't get started on letting your child sleep in your bed. In addition, your child has been over-stimulated sexually by the abuse and this situation may not be a healthy one for her. If she is frightened and crying out in the night, go to her. Put a chair by her bed and sit next to her and talk, pray, or sing. Don't let her get dependent on your lying in her bed or her lying in yours to fall asleep—this is a very hard habit to break. Help her to develop her own sense of security by listening to music on the radio, listening to a relaxation tape (Self Image for Children by Effective Learning Systems (800) 966-5683 is a particularly soothing one), snuggling with a special doll or stuffed animal, having the dog sleep in her room, and establishing a regular bedtime ritual. Even if your 12-year-old has outgrown your reading a story to her at bedtime, if she is apprehensive this might be a good time to re-establish that practice (look for books that are positive and soothing).

How can I help my child deal with bad dreams?

To help a child cope with nightmares, seek the advice of his therapist. It is important that you stay calm yourself. Your child may feel some relief by describing the dream to you, but if he doesn't want to talk about it, don't force him. A young child can be helped with a little "magic" if he is afraid of monsters or creatures. Use a nice-smelling air freshener and tell him that the monsters don't like the smell of flowers and they will stay away! Don't let a child watch TV or run around at bedtime if he is having trouble sleeping. Use some of the soothing activities suggested above to return the child to a sleepy state. In the daytime, a child may get a sense of mastery over fear by drawing his nightmare, and then ripping the paper up into as many pieces as possible.

Pay attention to the television your child is watching, the movies she is seeing, and the books she is reading. Some kids usually enjoy creepy books and shows. Under normal circumstances, the ones specifically for children can be fairly harmless, but a child who is having nightmares should not be reading or watching scary things. Many children routinely watch movies and television shows which are far too old, too violent, too sexual, and too intense for them. Know what your child is watching and provide guidelines. A good dose of positive family movies and shows, even if your child thinks they are sappy, might not hurt. A child with sleeping problems does not need to have a television in his bedroom, although it may be tempting. There is too little control over what is watched and too much temptation to substitute television for sleep.

If you and your child are still living in the home where the abuse took place, and especially if the bedroom was the scene of the crime, you may want to have the child move to another room. Buy new sheets and a new bedspread (if money is tight, go to a thrift store or yard sale) and position the bed differently. Your child may feel more secure in a room closer to yours. If a night light or even the overhead light makes a child feel better and doesn't keep him awake, let him use it. You and your child can pick out a poster with a cheerful or peaceful scene and hang it where he will see it last thing at night and first thing in the morning. Depending on your beliefs, a religious picture or an angel may be comforting (make sure it isn't scary to your child). If your child is afraid you won't hear her if she needs you, you might consider getting a monitor or an intercom. A child who simply refuses to sleep in his own bed might be allowed to sleep in a sleeping bag in the hall for a few nights. Don't allow the child to sleep in the living room so that you don't have any privacy or "adult time" after the child's bedtime. Respond to your child's genuine fears, but try to gradually taper that response so that the child does not become manipulative and you don't become resentful. Make it clear that any accommodations to the normal routine are very temporary and that you expect things to get back to normal.

TROUBLESOME BEHAVIORS

Why does my child act so angry?

The teacher calls to say your child pushed another student down at recess—and this isn't the first time it happened. Your teenager seems to be screaming at you non-stop; you expect some teenage rebellion, but this is unbearable. "I hate you!" comes out of your child's mouth whenever you set a limit. You think to yourself, "*I'm* not the one who abused my child—why is she so angry at *me*?"

Kids who have been abused have the right to be angry. They do not have the right to act hateful and abusive to you or anyone else. Sometimes it is hard for parents to understand that the anger may not appear to be directed at the abuser, but rather at the non-offending parent or at "innocent bystanders" such as siblings. Children and teens may be very angry without even realizing it and without knowing why. They may be angry at you because they think you failed to protect them. Even if they are old enough to know rationally that this is not true, it may feel true to them. It is often too scary to direct their anger at the abuser. If the abuser was a parent or someone close to the child, kids may feel guilty about all of their ambivalent feelings—it is possible to love someone and to hate them at the same time.

You may have to accept some responsibility for being the target of your child's anger. It is possible that you avoided, denied, or minimized the abuse and that the child's perception of you as not protecting him adequately has some basis in truth. Work on this issue with your own therapist or support group. You are human, and you may have made some devastating mistakes. If so, you should honestly and humbly apologize to your child and be prepared for forgiveness to be some time in coming. If there are factors such as your own abuse history that contributed to your lack of a prompt response, face these squarely and explain them to your child if he is old enough to understand. It is important not to make excuses for yourself, however, nor to expect your child to help you to feel better or less guilty.

What can I do about this angry behavior?

As hard as it is, try not to become angry yourself. This does not mean that, while your child is throwing a chair at you, you should smile sweetly and do nothing. It does mean that you try to correct your child firmly and fairly without becoming enraged. You probably have a load of anger about the abuse itself, and you feel tired, stressed, and burdened by your child's bad behavior. Call a friend, write down your concerns, talk to your therapist or your support group, but don't take your anger and frustration out on your child.

Do tell your child clearly and firmly that you will not accept out-of-control behavior and that you will do what is necessary to help her control herself. Although it may seem hard to add an additional activity at this time, a parenting class which teaches assertive discipline would really help right now. Check your child's school or the local mental health center for low-cost classes. Even if you have excellent parenting skills, your child's current behavior poses a real challenge. Try very hard *not* to use spanking as your means of discipline. For a child who has already been victimized, spanking can trigger an even greater sense of anger and injustice, and it does nothing to teach appropriate behavior. Depending on your child's age, "time-out," withdrawal of privileges, or extra duties may be the best response. It is best to catch poor behavior immediately and make the consequence as immediate as possible. Don't let someone else (your mother, for example) take over discipline of your children because you don't want to cope. This will make your child believe even more strongly that you cannot protect her and that you are not willing to be her parent.

Having some good parenting information will help you to respond appropriately to your child's misbehavior. *Assertive Discipline* by Lee and Marlene Canter is a straightforward book that will really help. That book and other good ones are available at your library or can be ordered through a regular or online bookstore. Another excellent choice is *Parenting Toward Solutions* by Linda Metcalf and Scott Miller.

How can I prevent out-of-control behavior?

Be aware that your child's frustration tolerance may be low for a while and work on avoiding overly demanding situations. For example, if your son is being aggressive with friends, don't invite a whole group of little boys over and then leave them to their own devices. You can bet someone will be screaming in a few minutes. Instead, invite one friend over for a structured activity (doing a craft, watching a video) with you in the room. Be especially aware of your child's need for sleep and nutrition—a well-rested, well-fed child has a higher frustration threshold. Be flexible in your plans. If your child was up all night with nightmares, postpone your morning trip to the supermarket if you can.

Help your child to express her anger in non-destructive ways. For example, a young child could draw a "mad picture" and even tear it up if she wanted to. A teenager could write a letter expressing his anger to his abuser, even if he does not send it (consult with his therapist before suggesting this). All kids should get plenty of exercise and outdoor activity when they are having trouble controlling anger. Half an hour at the playground may create a peaceful day and a pleasant evening.

What does *my* anger have to do with it?

Your guilty little secret may be that you are furious at your child. Even though you know it is unreasonable and maybe even despicable, you feel that if she hadn't told about the abuse, life could have continued in its usual course—maybe not so great, but not like this. You may be dealing with a social worker who makes you angry because she imposes restrictions on you, a disbelieving and enraged extended family, the complicated court system, the accused abuser who acts like it is all your fault, financial burdens you never faced before, and your complete disbelief that your life has changed completely in such a short time. The target for all this frustration may in fact be your own child. If the abuser was your partner, some little part of you may feel that the child was your sexual rival, and you lost.

These are ugly and unjust thoughts, but again, they are human. Your job is to share them only in the appropriate places—with your own therapist or support group—and not to impose them on your child. You may feel it is unfair that you had to choose your child's well-being over your own relationship with the abuser. Live with your choice and be glad you had the strength to make it. Every child protection worker can tell stories of parents who let their child go to foster care or become a runaway rather than end their relationship with an abusive partner. You have had a major loss if the abuser was your partner, your parent, or your friend, but it is not your child's fault. If you are unkind to her, she will sense your anger and be hurt and furious with you.

My child is doing the most embarrassing things! Why?

Your three-year-old daughter had to go to the emergency room because she stuck a crayon in her vagina. Your four-year-old son climbed on top of the dog and made sexual motions with his body. Your seven-year-old daughter infuriated her aunt by removing her little cousin's clothes and getting under the covers with him. Your ten-year-old daughter tries to sit on the lap of your male friends, making them very uncomfortable. Your thirteen-year-old daughter has a sixteen-year-old boyfriend, and you found a note to her friend saying they were "doing it." Your fifteen-year-old son is obsessed with on-line pornography even though you have banned it from your home.

Little kids use play as a way to act out things that bother them, to get a sense of mastery over seemingly uncontrollable experiences. Children who have been sexually abused have also been sexually over-stimulated. Something adults don't like to consider is that nonviolent abuse may actually have been physically pleasurable to the child, at least at times. That doesn't make it any less emotionally destructive, but it might make the child more likely to experiment with his sexual feelings. In addition, if the abuse took place over a substantial period of time with an adult to whom the child felt close, she learned that sexual activity is a way to get attention and sometimes affection.

Why is my child always touching herself?

Children do masturbate. The genitals are a sensitive part of the body and touching them generally feels good. Kids who have not been abused are usually not overly focused on this activity, however, and they learn very early when it is not appropriate to masturbate. An eight-year-old who touches himself during school or a six-year-old who pulls her dress up and rubs herself while the family is watching television together are clearly outside the normal range for this behavior. If your goal is for your child to never masturbate, you are doomed to failure. It is part of the normal self-exploration of growing up and may even be a helpful way for teens to get to know their bodies and their sexual selves.

However, public masturbation is never appropriate, and it is a difficult behavior to eradicate. Children sometimes masturbate compulsively due to non-sexual stresses because it is a self-soothing behavior. Try to approach the subject calmly, explaining what is and is not appropriate. Don't focus a great deal of attention on the behavior, because even negative attention can cause a behavior to persist. Try to get the child to agree that it is simply a bad habit when done in public and to cooperate in trying to change the habit. For example, you could have a code word that is a reminder to stop if the child is genuinely unaware that he is touching himself. Give the child something with an interesting texture to fiddle with when watching TV or sitting around, such as a stuffed animal or a Koosh ball (one of those little rubber balls with all the rubber tendrils sticking out). Keep her hands busy with a craft activity. If all else fails, simply tell the child in advance that you will remove him from the situation if he makes others uncomfortable, and without much discussion, do so.

What do I do about inappropriate sexual behavior?

With children who act out sexually, you must obtain professional help, but your role is also crucial. First, don't shame them. You may think, "she is old enough to know better," but it is not that simple. Don't tell her that she is bad or has a dirty mind. Second be very clear and explicit about what is and is not appropriate behavior: "We don't kiss friends and acquaintances on the mouth. That is for grownups who have a very special relationship with each other. You can kiss Grandma and Uncle Bob on the cheek. It is not a good idea to kiss your camp counselor or your babysitter's husband at all." A very young child can draw pictures of people she knows on index cards and you can have her help you sort them into "kissing friends" and "handshaking friends."

Even if you have been through it many times before, now is the time to reiterate your speech about "good touch" and "bad touch." Go to the library and read carefully through the many children's books about this subject and check out one that you feel is appropriate for your child. The guidance counselor or school psychologist at your child's school may have some suggestions as well. Read through the book with your child. Don't be afraid to use the correct terms for body parts. This is a way to help protect your child. A little boy who tells a teacher that someone touched his "thing" may not convey the seriousness of the action; a boy who can say, "someone touched my penis," will be more likely to be taken seriously. With an older child who doesn't want to talk to you about this due to embarrassment, preview a book that is right for his or her age and purchase it. Give it to the child without making a fuss and ask him to keep it in his room so he can read it privately. If it is a child of the opposite sex, make sure that an appropriate same-sex adult is available to answer questions.

My child initiated sexual activity with another child. Is he an abuser himself?

This is something for you to consider very carefully and honestly. Bear in mind that young children, even those who have not been sexually abused, engage in sex play with each other. If your four-year-old is caught "playing doctor" with her little four-year-old friend, and the activity consists of undressing and looking, don't overreact and assume there is something wrong with her. Simply tell her, "We don't play like that. Please put your clothes on and come play in the living room." Even the child who engages in more sophisticated and worrisome sex play may do just fine with a clear (but not angry) talk about why that behavior is not appropriate and some very close supervision for an extended period of time. Do tell your child's therapist, but not in such a way that your child feels humiliated.

Your child is dealing with his own abuse in a very dangerous way if: (1) he is sexually active with a much younger or less mature child—a ten-year-old with a three-year-old, for example, or a mentally normal teenager with an immature mentally retarded youngster; (2) she uses any kind of force, threats, or coercion; (3) he engages in actual intercourse with another child or any kind of bizarre sexual behavior; (4) she molests any child in her care, such as a babysitting charge or a much younger sibling. This child needs help immediately. Sometimes you may face the heartbreak of having to protect a younger child from her older sibling. It is natural when your heart is broken in two like this to want to deny it is happening. However, you must intervene swiftly, with professional help, and to whatever extent is necessary to protect others. The child who is in the abusive position will suffer tremendous guilt and fear, and although he may be angry and deny any wrongdoing, he needs your help to stop.

While only a small percentage of children who were sexually abused go on to become offenders, many abusers were abused themselves as children. Some adults who molest children started this behavior when they were teenagers. There are a number of treatment programs around the country for adolescent sexual offenders. Although you may be in terrible pain at the thought of your child, who has been victimized, becoming a victimizer, you will not help her by putting your head in the sand. Get help and deal with the situation.

Is there anything else I can do to prevent negative behavior?

The most important deterrent to any kind of negative behavior by a traumatized child is attention to positive behaviors and close supervision. To help prevent sexual acting-out behavior, avoid situations that may be sexually over-stimulating to an abused child. Something as innocent as bathing your four-year-old daughter with her two-year-old brother may be too much for her to bear. Don't let kids who have been abused sleep in bed with other children, and don't put them in charge of younger children if you have any doubt in your mind about their behavior.

My child tells *everyone* about the abuse!

Once the secret is revealed, kids often have a hard time distinguishing when it is okay to talk about it. You may be encouraging your daughter to tell her therapist what happened, only to have her tell the supermarket cashier, "My daddy touched my bottom in a bad way!" The way to handle this is to tell your child that the abuse is no longer a secret, but that it is something private to be discussed only with certain people. Help her to identify appropriate confidantes. A young child can draw a picture of "talking people." "You can talk about this with your therapist, Grandma, Aunt Edith, the guidance counselor at school, and with me."

Respect your child's privacy by not discussing the abuse unnecessarily and by not doing so in his range of hearing. If you want to tell your sister what happened so that you can have her support, do it at a time and place where your child won't overhear unless he wants her to know. Don't promise confidentiality if you can't keep the promise. If your child begs you not to tell your neighbor but you are afraid that her children may have been exposed to the abuser as well, be honest with your child that you need to tell her to protect her kids.

Why is my child doing so poorly in school?

If your child is having difficulties in school, determine whether this is a long-term problem or the result of the emotional disruption caused by the abuse. If it is a chronic problem, have the school system test your child and suggest solutions. If it is because of concentration or anxiety problems resulting from the abuse, give your child some understanding but don't let the problem snowball. You can tell him that when kids are upset or worried, it is sometimes hard to concentrate in school, but that this should improve now that he is starting to feel better. Have him work with his therapist on this issue. The therapist may be willing to consult with your child's teacher to provide additional assistance and support. If your child will accept your help with schoolwork without a power struggle, make yourself available. If it is a hassle, get a tutor. Even a bright high school student coming over twice a week can make a big difference in your child's grades and therefore, in his opinion of himself. An excellent source of ideas and practical suggestions for building the skills necessary for success in school and in life is the book *MegaSkills* by Dr. Dorothy Rich. The MegaSkills website is also worth a visit: http://www.megaskillshsi.org. *Homework Without Tears* by Lee Canter is a classic book that can help you to reduce arguments about homework and help your child to become more organized. Your child's school success can really boost self-esteem.

How can I tell if my child really needs help or is just manipulating me?

Your child is in obvious distress and something absolutely awful has happened to her. Regardless of the circumstances, you feel terribly guilty.

To make matters worse, her behavior is really getting on your nerves. You don't know whether you need to indulge her to make up for her misery, or to nip her behavior in the bud.

The general rule is to control your anger but to continue to expect your child to behave reasonably well. You certainly have to give your child some leeway in the period immediately after the abuse is discovered and during high-stress periods such as court appearances or supervised visitations with the abuser. Informing yourself about the reasons for difficult behavior by reading this Guide should help as well. You don't want to add to your child's suffering by punishing him for behavior he really can't control, such as crying for no apparent reason or wetting the bed.

However, children feel safer when there is some consistency and structure to their life. You don't deal with your son's insomnia by letting him sleep in your bed or stay up until midnight every night. You don't deal with your daughter's justifiable anger by letting her hit you in the face or abuse the family pet. If you do, he or she will just feel more out of control and guilty.

Your own feelings are a pretty good guide. If you are feeling resentful and exploited, set some limits. Make the clear distinction to your child that her *feelings*, whatever they are, are acceptable, but her *behavior* must be reasonable. Offer alternatives if he is behaving unacceptably—for example, if he is throwing temper tantrums at the supermarket, he can either stay at Grandma's while you shop or agree to sit quietly in the cart. If your teenage daughter is depressed and keeps missing the school bus because she can't "get it together" in the morning, help her plan her schedule and get up a little earlier yourself to have breakfast with her— but don't get in the habit of allowing her to be tardy or making excuses for her.

Your child does need extra support in the form of time, attention, and patience; he doesn't need fewer behavior guidelines, less family responsibility (except maybe for a short while), or more material items. If you treat the abused child very differently from others in the family, they will resent her and this will damage her relationship with her brothers and sisters. Do try to use thoughtful planning to avoid confrontations, set reasonable expectations, and remember your sense of humor and your love for your child when you are about to "go ballistic."

[handwritten margin note: • Give options as consequence to his/her behavior]

HELPING YOUR CHILD TO BECOME A SURVIVOR

Could this happen again?

Children who have been sexually abused are at higher risk for being abused again by someone else and for being raped. There are a number of factors which increase this risk, including the child's inability to distinguish appropriate from inappropriate behavior, low self-esteem, increased risk of substance abuse which then increases vulnerability to victimization, and a learned pattern of getting attention by acting sexual. In addition, if telling about the abuse resulted in negative consequences and upheaval for the child, he may be less willing to tell about any subsequent abuse. You need to talk to your child frankly about self-protection, help her to improve her self-esteem, and be aware of the possibilities.

If your child's abuser is not in jail, has not completed a top-quality sexual offender treatment program, and still has contact with your child, your child is at risk no matter how repentant the abuser seems. Even with treatment, sexual desire for children is a very difficult problem to overcome. Talk to a knowledgeable professional about how to protect your child.

Why does my child still think the abuse was his/her fault?

Helping your child to rebuild respect for herself is one of the most valuable tasks you can undertake. First, try to relieve her guilt. It doesn't matter whether your child seemed to be participating willingly with the abuser or took bribes not to tell about the abuse—*it was not the child's fault!* It was the adult's responsibility not to participate in sexual activity with the child, no matter what the circumstances. Even very young children often feel terribly guilty. Adult survivors of abuse often talk about their responsibility for what happened. It sounds like they believe they should have stopped the abuse, even if they were preschoolers at the time! Be very clear with your child that you do not hold him responsible for the abuse. Sometimes, with older children and teens, the abuse may take place in the context of behavior the child knew was wrong—for example, a young teenager goes to an adult's apartment to drink liquor or use drugs and then is molested. Emphasize to your child that although it was wrong to go off partying with the adult, it still was not his fault that the abuse occurred and you do not blame him.

If your child is a teenager who was involved in what seemed like a consensual relationship with the adult (such as a stepfather), it is important to remember that it was still the adult's job to avoid sexual contact. Sometimes kids are accused of being "seductive" or "provocative." A healthy adult still tells such a child, "Don't sit so close to me. It makes me feel uncomfortable." You may be angry with your child because she has taken a lover's role with your own partner. If so, please work this out with a therapist or support group. You must be able to deal with your daughter as your abused child, not as your rival or a usurper of your position. This is such a tough situation to deal with that you need all the help you can get.

Be sure to intervene if siblings or other family members blame your child either for the abuse or for the consequences: "Grandpa wouldn't be in jail if it wasn't for you blabbing!" Tell your other children that the abuse was not the victim's fault. If other family members continue to make your child feel bad, you may have to limit contact. Be sure that your child is not around when you confide your anger, fear, or worry about any changes in your life as a result of the abuse. Kids tend to think you are blaming them rather than the abuser for all the difficulties that followed their telling about the abuse.

Will my child have a normal sex life as an adult?

This is a legitimate worry. When a child's normal psychosexual (psychological/sexual) development is disrupted by abuse, it may be difficult to achieve a happy, healthy sexual life. You need to offer your child the vision of a loving sexual relationship for adulthood. This will be especially challenging if your partner was the abuser and you are feeling disillusioned and bitter. You don't want your bitterness to destroy your child's chance for love and joyful sex in the future.

Provide your child with age-appropriate information about sex. Although the sexually abused child may seem overly sophisticated about sexual matters, he often has the same misconceptions about sex that any child has. In addition, he knows that sex can be painful, frightening, and disgusting. It is up to you to provide carefully timed conversation and reading material to let him know that sex can feel great and can be a life-affirming experience when it occurs between two adults in a loving, mutually respectful relationship. If your values include the necessity for marriage as well, let your child understand that you believe in the possibility of a kind and supportive marriage with sex as an important component. If you don't have this in your own life, spend time with friends who do and discuss movies and television shows with your child to reveal your values.

The body changes of puberty may seem frightening to a child who was abused before or during this time. Be sure your child is well informed about what is normal and be available to answer questions—and to anticipate concerns, if your child is hesitant to ask. The *What's Happening To My Body* books—one for boys and one for girls—by Lynda Madaras have lots of good information on body changes during puberty. Buy the appropriate book, read it yourself (you'll learn something), and then leave it discreetly where your child will see it.

Let your child know that you think he or she is attractive both physically and as a person. Be sure that you don't let your bitterness about the abuser affect the way your child sees adults of that gender. If your child is no longer in therapy when she enters puberty or starts dating, a few sessions at this time may be extremely helpful—something like a booster shot. If she had a good relationship with her original therapist and that person is still available, it would be best to return to him or her for continued treatment.

What special issues are there for my daughter when she begins dating?

Some kids who have been abused are triggered into panic by the thought of being with the opposite sex and may avoid dating or mixed activities. Don't push your child to participate before she is ready, but do provide opportunities for her to see male friends or relatives in your supportive presence.

Some girls believe that the abuse caused them to lose their virginity, and that therefore whatever they do sexually is of no consequence. Speak openly with your daughter and tell her that virginity is not just the presence of the hymen (the tissue at the opening of the vagina) or the lack of sexual activity—she is a virgin until she freely agrees to have intercourse with someone. Rape does not make her "damaged goods" and childhood abuse does not diminish her right to have her first consenting sexual experience be special.

Girls who have been abused often have impaired "boundaries"—for example, they may remain passive when being touched in a way that makes them uncomfortable. Let your daughter know that she can say "no" at any time, and that she needs to protect herself by remaining in safe situations if at all possible. Help her to understand that if she drinks because she is anxious or uptight on a date, her vulnerability increases.

Many abuse survivors go through a period of time when they are promiscuous, in the sense of having sex with a variety of partners with whom they have very shallow relationships. The young woman who does this often suffers terrible shame and guilt later in life. Making sure your daughter has appropriate male attention from a non-abusive father or father-figure such as an uncle or grandfather can help prevent "looking for love in all the wrong places." Focusing on her abilities and achievements and providing clear guidance and close supervision may also help. Being suspicious, accusatory, and overly controlling will most certainly not help.

Does the abuse mean my son will be a homosexual?

There is no evidence that sexual abuse changes a person's sexual orientation. Boys who have been abused are often confused and upset about sexual identity. Because most abusers are male, and because there may have been an element of sexual pleasure in the experience, your son may think he is gay. You or his therapist need to explain to him that many young men have sexual experiences with males and still grow up to be heterosexual. However, regardless of the abuse, your son may be gay. Whatever your values about homosexuality, it is important not to shame or degrade him for his sexual orientation, which most experts regard as something over which we have no control. Whether your son is gay or straight, you have the right to let him know what behavior you find unacceptable and to be clear that, while he is not responsible for the abuse, he is responsible for his own sexual behavior.

If other children know about your son's abuse, they may torment him by accusing him of being gay. Children and teenagers often taunt each other about homosexuality, which is painful regardless of the young person's sexual orientation. Let your own family know this is silly and unacceptable. Your own acceptance of your son as he is and your help in dealing with bullies will be of the utmost importance to him. The National Organization on Male Sexual Victimization (website: *http://www.malesurvivor.org/*) is an excellent resource to help you understand the issues your son faces and to find appropriate help for him and yourself.

What special issues are there for my son when he begins dating?

Because your son's abuse introduced sexuality in the context of power, fear, or coercion, it is vital that you talk frankly with him about responsible dating behavior. All parents should have this talk with their sons, given the prevalence of aggressive sexual behavior on the part of young men. Let him know that he must be clear about what is and is not okay with his date before doing anything, even kissing. Help him realize that there are drawbacks to premature sexual involvement under any circumstances. Make sure he knows he does not have to prove his normalcy or his manhood by sexual activity at an early age.

How can I help my child rebuild self-esteem?

Most kids' self-esteem plummets when they are abused. You can't rebuild self-esteem just by telling your child she is wonderful. She won't believe it. Help your child by providing opportunities for competence. For example, if your son is talented in art, see if you can enroll him in art lessons. Children usually benefit from participation in Boy or Girl Scouts, 4-H clubs, Campfire groups, or religious youth groups because these programs emphasize achievement and skill development. Participation in the arts—such as the school marching band, drama club, or chorus—and in sports can also be important builders of self-confidence. The child who is fearful or has a "please pick on me" demeanor can benefit from a martial arts program. Your consistent support of these activities is a message to your child that he or she is important.

By word and example, teach your child to care for others. An important step in moving from feeling like a victim to knowing you are a survivor is the ability to help other people. Even young children can gather supplies for those less fortunate or spend time with you at a nursing home visiting lonely older people. Teenagers have many opportunities for community service, and such experiences can be important adventures in self-discovery and the beginning of career development. For example, volunteering at a hospital can introduce a youngster to health care careers. Turning the focus away from oneself helps to short-circuit self-pity and spoiled behavior. You can do some service activities as family to help build family cohesiveness—for example, deliver "Meals on Wheels" to invalids or spend a Saturday afternoon organizing the shelves of the local charity thrift shop. Doing something positive and worthwhile is a wonderful antidote to depression and anxiety.

If your child says things like "Nobody likes me" or "I'm ugly," don't argue with her—try to find out what prompted the comment. It is much more effective to say, "What don't you like about your looks?" than to say, "Don't be silly—you're a very pretty little girl!" The first response might produce some information about a resolvable problem—weight gain, hairstyle, pimples, or ugly glasses. If your child just thinks she is unattractive, don't ridicule her or minimize the problem. Let her know that most kids don't like their appearance from time to time, but that you have always thought she was beautiful because she has such a warm smile or such lovely eyes.

What can I do about my child's depression?

If your child has received appropriate therapeutic help but you are still concerned that he is depressed, there are things you can do to make a difference. First of all, check your own mood. You have ample reason for sadness, but if you remain lethargic, withdrawn, negative, irritable, and miserable over a long period of time, make sure that you are receiving your own treatment, which may include antidepressant medication. While most parents don't want their children to take any unnecessary drugs, some children and teens do need medication as well. It is best to have a psychiatrist who is board-certified in child and adolescent psychiatry make the initial evaluation, rather than a family physician.

book!

Every parent of an abused child should read *The Optimistic Child* by Martin Seligman. Dr. Seligman is a well-respected psychologist who has done fascinating research on preventing depression. He has specific suggestions for ways to help your child take an active, problem-solving approach to life rather than get mired in hopelessness and depression. You will find the book is useful for your own outlook as well.

How long does my child have to be in therapy?

This varies tremendously, and should be something you discuss with your child's therapist at the beginning of treatment and at frequent intervals thereafter. It is often useful to have some intensive treatment as soon as possible after the abuse is uncovered, and then to have short-term therapy at various intervals when there are new concerns or a difficult developmental stage is reached. If a child's behavior and emotions seem to be well regulated, ask the therapist whether it is time to stop or to take a break.

What is a survivor?

A survivor is someone who, despite having been victimized, does not remain a victim. A survivor is a strong, compassionate person who is able to respect himself or herself, has loving relationships, and is able to do productive work. Children who suffer sexual abuse can become whole, healthy adults. The fact that you care enough to read this Guide means you want your child to transcend pain and survive.

You can help your child become a survivor by seeing him or her as lovable and special (even if you have to deal with a lot of unlovable behavior) and communicating that clearly. It will take all your strength to help your child when you are still reeling from the awful knowledge that your family will never be the same again. Fortunately, children can be resilient; kids with a dedicated adult ally and appropriate professional help have a very good chance of doing well.

It is not enough to just muddle through—you and your child deserve joy in your life again. Throughout the healing process, seek out experiences that let you laugh with your child and rediscover pleasure in your own activities. You don't want to be just the "problem person" that your child can turn to—you also want to be associated in your child's mind with good times. Your child has only one childhood. You can be a firm, assertive parent and still have fun with your child. It is worth seeking out whatever support you may need to make this possible.

Taking proper care of yourself and resuming your own activities as soon as your child's recovery will allow provides a good role model for your child. If you can rebuild your own life, engage in constructive activities, and feel satisfied in your relationships, you will demonstrate in a very powerful and practical way that it is possible to survive terrible times.

Recognize that your child will make progress but will also backslide from time to time. In addition to the trauma from the abuse, kids are still kids with the normal ups and downs of development. It is unrealistic to expect your two-year-old or your twelve-year-old to be totally cooperative, no matter how much recovery has occurred. After months of finally being able to sleep normally, you may see an upsetting TV show and have insomnia for a few nights. Give yourself and your child permission to veer off course occasionally without thinking that this is a terrible setback.

Your child can be a survivor, with your help.

RECUPERARSE DEL DAÑO

Una guía de los padres para ayudar al niño superar los efectos de abuso sexual

SOBRE ESTA GUÍA

LA AUTORA: Jennifer Y. Levy, Ph.D, es una psicóloga con más de veinte años de experiencia en el campo de salud mental. Actualmente ella es una psicóloga en un centro universitario de consejo. Posteriormente, ella fue terapeuta de pacientes externos y de emergencia de un centro de salud mental de comunidad. Ella ha tratado niños adolescentes y adultos con una variedad amplia de problemas. Sin embargo, su especialización ha sido de tratar niños adolescentes y adultos que han sido víctimas de abuso sexual en la niñez. La Dra. Levy fue elegida como una de las "Top 123 Therapists" (123 mejores terapeutas) de la área metropolitana de Washington, D.C. en una encuesta por *Washington Magazine* de 1.500 profesionales de salud mental. Dra. Levy ha sido muy activa en el desarrollo de servicios en la comunidad para víctimas de violencia domestica y violación. Ella ha hecho muchas presentaciones sobre abuso sexual para profesionales y el público.

EL PROPOSITO: Para responder a las preguntas y las preocupaciones de padres con niños, víctimas de abuso, incluso información sobre como conseguir terapia apropiada y como tratar las preocupaciones de los padres. Recursos apropiados del Internet han sido incluidos también.

Este libro está protegido bajo las leyes de copyright y no puede ser reproducido enteramente ni en parte sin el permiso de la autora.

Copyright 2005 por Jennifer Y. Levy, Ph.D.
Todos derechos reservados

Traducción—Pilar Guerra y Ken Fackler

CONTENIDOS

Información Básica **49**
Una nota sobre el estilo 49
¿Cómo puede el Internet ayudarme aclarar estos temas? 49
Lo que esta guía no puede proveer. 50

Como Ayudar Para Que Se Recupere Su Hijo **51**
¿Por qué no tratar de olvidar lo que ha pasado? 51
¿Qué tan serios son los efectos del abuso sexual? 51

Ayúdese A Usted **53**
¡No necesito ayuda! 53
¡No es justo! 53
¡Necesito un descanso! 54
¿Cómo puedo cuidarme? 54
Fui abusada de niña. No puedo creer que esto le pase
a mi hija también. 55

Terapia **56**
¿Cómo puedo encontrar un buen terapeuta? 56
¿Cómo puedo saber si he encontrado un buen terapeuta? 56
¿Cómo podré pagar a un terapeuta? 57
¿Mi familia necesita terapia? 59
¿Y qué de la confidencialidad en terapia? 59
¿Cómo puedo informarme acerca de la terapia de mi hijo? 60
¿Y qué de tratamiento en grupo? 60
¿Y tratamiento para él que causó el abuso? 61

Miedo y Problemas de Dormir **63**
Mi hijo tiene miedo de todo. ¿Por qué? 63
¿Y qué si hay una verdadera razón para su miedo? 63
¿Por qué mi hijo tiene miedo de cosas y eventos cotidianos? 64

¿Qué puedo hacer con respecto al problema de dormir que
    mi hijo tiene? 65
¿Cómo puedo ayudar a mi hijo enfrentar terribles sueños? 66

Problemas de Comportamiento **68**
¿Por qué mi hijo actúa de una manera tan agresiva? 68
¿Qué puedo hacer para controlar el comportamiento agresivo? 69
¿Cómo puedo prevenir el comportamiento agresivo? 70
¿Cómo influye mi coraje? 70
¡Mi hijo está haciendo cosas muy vergonzosas! ¿Por qué? 71
¿Por qué mi hija siempre se está tocando? 72
¿Qué puedo hacer acerca del comportamiento
    sexual inapropiado? 72
Mi hijo inició actividades sexuales con otros niños.
    ¿Es él un abusador también? 73
¿Hay algo más que puedo hacer para prevenir
    comportamiento negativo? 74
Mi hijo cuenta a todos acerca del abuso 75
¿Por qué todo va tan mal para mi hijo en la escuela? 75
¿Cómo puedo saber si mi hijo necesita ayuda o
    si él me está manipulando? 76

Ayude A Su Hijo A Sobrevivir **78**
¿Puede esto suceder de nuevo? 78
¿Por qué todavía mi hijo piensa que el abuso fue su culpa? 78
¿Tendrá mi hijo una vida sexual normal cuando sea adulto? 79
¿Qué conflictos habrán para mi hija cuando comienza a
    salir con chicos? 81
¿El abuso que recibió mi hijo le causará que se
    vuelva homosexual? 82
¿Qué conflictos habrán para mi hijo cuando comienza
    salir con chicas? 82
¿Cómo puedo ayudar a mi hijo a recuperar su
    orgullo propio y una imagen positivo de si? 83
¿Qué puedo hacer con respecto a la depresión de mi hijo? 84
¿Cuánto tiempo mi hijo tendrá que recibir terapia? 85
¿Qué significa sobrevivir? 85

Apendice **87**

INFORMACIÓN BÁSICA

Una nota sobre el estilo:

Niños y niñas pueden ser víctimas de abuso sexual. Para que se aplique a todos padres yo he alternado entre "él" y "ella" en el texto de esta guía. Sin ninguna indicación al contrario, todas las oraciones aplican a ambos niños y niñas.

¿Cómo puede el Internet ayudarme aclarar estos temas?

Hay una gran cantidad de información de beneficios disponible por medio del Internet. Sería una lastima ignorar este recurso tan importante aunque se reconoce que no todas las personas tienen una computadora y acceso al Internet en casa. Casi todas las bibliotecas públicas ahora tienen computadoras que usted puede usar para encontrar información por el Internet y libros sencillos para informarse como hacerlo. Si usted siente demasiada ansiedad de momento para aprender ahora, usted quizás puede pedir a un familiar asistirle (¡Muchos adolescentes pueden mostrarle como encontrar casi cualquiera cosa de esta forma!). Referencias a varios sitios en la red del Internet o fuentes de información se encuentran por esta guía. **Hope Through Healing Publications está localizado a: http://www.xlibris.com/HealingtheHarmDone.html y el sitio tiene enlaces a todos los sitios mencionados en esta guía. Los enlaces están bajo "Links."** Enlaces para información en español se encuentra en el apendice de este libro. Su terapeuta, abogado o defensor entre otros pueden emplear estes recursos en respaldar a usted y su familia. También hay que darse cuenta de que hay mucha información falsa en el Internet que no tiene sentido. Solamente porque parece allí, no es decir que es la verdad. Especialmente las estadísticas son manipuladas y escritas sin ningún respaldo a veces y opiniones pueden parecer como si fueran hechos. Usted tiene que saber de donde viene la información y evaluarlo críticamente antes de aceptarlo como la verdad.

Lo que esta guía no puede proveer.

La intención de esta guía es de ayudarle entender específicamente con las emociones y el comportamiento de su hijo. No es un medio para descubrir si su hijo ha sido abusado y ninguno de los efectos mencionados deberían ser tomados como evidencia de abuso. Por ejemplo, niños abusados tienen pesadillas frecuentemente, pero también las tienen muchos otros niños. Esta guía supone que usted ya ha pasado por las etapas iniciales de susto y de saber con seguridad que su hijo fue víctima de abuso sexual. Hay otros libros en la biblioteca pública de su comunidad los cuales describen como prevenir abuso, reportarlo a las autoridades y trabajar con el sistema legal y los servicios de protección de niños. Este libro no es ningún substituto para ayuda profesional. Cuando un niño es abusado, no importan las circunstancias, la familia está bajo de una tremenda estrés. Esto no es un proyecto de hacerselo todo uno mismo. Esta guía le ayudará encontrar un terapeuta competente con experiencia en el campo de niños y familias que tienen que enfrentar abuso sexual.

COMO AYUDAR PARA QUE SE RECUPERE SU HIJO

¿Por qué no tratar de olvidar lo que ha pasado?

Su hijo ha sido víctima de abuso sexual, recién o hace muchos años atrás. Una vez que usted ha tomado acciones preventivas para la seguridad de su hijo, es natural desear que la terrible situación desaparezca completamente. Usted probablemente piensa que su hijo se sentiría mejor si no conversan del abuso sexual y tratan de actuar de una manera normal como si ésto no hubiese pasado. La verdad es que su hijo va a vivir con los efectos del abuso y necesita ayuda para sobrevencerlo. Por muy doloroso que sea para usted como para su hijo, usted no puede pretender que éso nunca pasó. El resultado de actuar así dejará efectos en su hijo los cuales no le permitirán enfrentar los problemas emocionales.

¿Qué tan serios son los efectos del abuso sexual?

La severidad depende de la situación de su hijo y de como usted responde. Esta guía le ayudará a informarse de las consecuencias más comunes de abuso y de como enfrentarlas. Cada niño es diferente, pero las consecuencias son mucho más fuertes en niños si el abuso fue provocado por una persona cercana a ellos como por ejemplo el padre o padrastro, si el abuso ha persistido por mucho tiempo, si se usó violencia, si el niño se siente culpable, si él no tiene el apoyo de un adulto quien confía en él, si su vida ha sido severamente perturbada por el descubrimiento del abuso, o si se tiene que ser retirado de la familia y puesto en casa fuera de la familia original como una familia 'foster' (En EE.UU. 'foster family' es una familia escogida por una agencia del estado para cuidar a un niño y la familia recibe ayuda económica.). Abuso sexual probablemente ocasionará unos o todos de estos síntomas y diferentes tipos de actitudes como por ejemplo dificultades para dormir, problemas como anorexia, bulimia, pesadillas, miedo, excitación, depresión, una actitud agresiva, exceso de relaciones sexuales, enfado, tendencia a culparse, dificultades en confiar o un concepto pobre de si mismo. El niño joven puede actuar de una manera que representa una edad menor de la que tiene como por ejemplo: urinarse la cama o hablar como un bebito. Un adolescente puede tratar de escapar de la casa, usar drogas o alcohol, verse envuelto en relaciones sexuales promiscuosas o evitar relaciones románticas, ser vulnerable a abuso o violación o volverse rebelde. Un adulto con una historia de abuso sexual en su niñez puede sufrir de ansiedad o depresión, tener dificultades en establecer una relación saludable, encontrar dificultades en confiar en otros, beber excesivamente, tomar drogas, tomar como víctima a otros o tenerse poco respeto para si mismo.

El motivo de hablar sobre estas posibilidades anteriores no es para asustarle ni hacerle pensar que su hijo está destinado a una vida infeliz. Muchas personas que han sufrido de abuso sexual en su niñez terminan viviendo una vida feliz, productiva, o saludable. Su hijo tiene mejores posibilidades de estar en ese grupo si usted toma las medidas necesarias para respaldarlo. Eso quiere decir que hay que reconocer la realidad del abuso, buscar la ayuda necesaria para usted y su hijo, auto educarse acerca de lo que su hijo siente y como usted le puede ayudar.

AYÚDESE A USTED

¡No necesito ayuda!

¡Por supuesto que sí lo necesita! A pesar de las circunstancias, el abuso de su hijo afectará a todos en la familia. Probablemente usted sentirá enloquecer por momentos. Si su esposo o su pareja es él que causó el abuso, su vida cambiará completamente. No importa si usted desea separarse o continuar juntos, dolores y trastornos habrán por mucho tiempo. Incluso si un desconocido o un conocido abusó del niño, usted probablemente sentirá culpable y probablemente usted siente incompetente como padre. Todos los padres entienden que es su responsabilidad de proteger a sus hijos. En el caso de que su hijo fuese llevado de su patio, usted se culpará. Si usted descubre que el abuso ha ocurrido dentro de su casa durante muchos años, usted se preguntará miles de veces, "Cómo pudo haber pasado esto sin que yo lo supiera?" Si su hijo recibe terapia es importante que usted tenga contacto con el terapeuta de su hijo o con un terapeuta familiar para enfrentar el dolor suyo. Usted no puede ayudar a su hijo mientras que usted sufre terriblemente que incluso no puede ni desenvolverse. Usted necesita una oportunidad para expresar su coraje y dolor tanto que no impondrá sus preocupaciones en su hijo. Usted puede encontrar ayuda de un grupo que es para respaldar a los padres que enfrentan situaciones como la suya (Pregunte en un centro local especializada en programas de abuso sexual o violación). No ignore sus propias necesidades de ayuda mientras que usted se está recuperando.

¡No es justo!

Justo cuando usted está en medio de una crisis bien grave (una separación matrimonial, una traición de parte de un miembro de la familia extendida, su propia culpabilidad, etc.), su hijo lo necesita más que nunca. Usted a lo mejor no podrá dormir por las noches porque usted está deprimida y asustada y allí está su hijo que enfrenta pesadillas y necesita apoyo. Encima de eso, aunque usted ama a su hijo mucho y usted sabe que él o ella está pasando por un tiempo muy difícil, él o ella se comporta de una forma insoportable. El proverbio que dice, "Un hijo necesita amor más cuando él menos lo merece," parece ser la verdad. De alguna manera usted tiene que poner de lado sus propias preocupaciones (esto puede ser más eficaz si usted busca ayuda para usted mismo) y atender a su hijo.

¡Necesito un descanso!

Usted es un verdadero ser humano quien no puede compensar por sus sentimientos de culpa ni el dolor de su hijo en tratar de ser un súper padre. Si usted es un padre o madre soltero, deje que personas en quien usted confía lo ayuden. Si su pareja no es él que ocasionó el abuso, apóyense uno a otro para darse un descanso. Lo difícil es que su confianza en otros ha sido terriblemente dañada y usted probablemente piensa que tiene que estar constantemente con su hijo. Trate de tomar un descanso seguro para no consumirse completamente.

¿Cómo puedo cuidarme?

Durante cualquier tiempo de crisis, es importante cuidar nuestras necesidades físicas, mentales, y espirituales para que usted se mantenga lo más fuerte posible. Cuando usted se siente agobiada por lo general, tiende a olvidar las estrategias más simples que le ayudan a cuidarse. Es importante comer saludable incluso si no tiene apetito. Si no puede forzarse a comer un almuerzo, trate cada dos o tres horas comer pequeñas porciones de comida que son fáciles de digerir. Si usted no puede seguir una dieta normal, tome una multivitamina todos los días. Trate también de hacer ejercicio regularmente como por ejemplo caminar. Esto le ayudará a producir químicas en su cerebro los cuales le ayudarán a sentirse calmada y tranquila. No vaya a tratar de aumentar el consumo de cafeína, cigarrillos o alcohol para tratar la agitación que usted siente—estas sustancias probablemente le ayudarán por un corto tiempo pero incrementarán ansiedad, depresión e irritabilidad. Si usted tiene creencias religiosas, continúe asistiendo a su templo de adoración y converse en confidencia con el consejero religioso acerca de lo que a usted le preocupa. Tome unos minutos cada día al aire libre y aprecie las cosas hermosas que el mundo tiene. Si usted tiene problemas de dormir, repose. Si el insomnio persiste, consulte al doctor, pero tome cuidado en no depender de pastillas para dormir. Estas son seguras y efectivas solo por un corto tiempo.

Fui abusada de niña. No puedo creer que esto le pase a mi hija también.

Desafortunadamente, abuso sexual en niños es tan común que es posible que incluso usted puede haber sido abusada de niña. La experiencia de su hijo a lo mejor le hace revivir su terrible experiencia. Esta es una de las razones por las cuales es importante que usted tenga terapia o apoyo de un grupo. Hay dolor, tras dolor cuando su propio hijo está pasando por sus más terribles pesadillas. Éste no es el momento para grandes exploraciones de sus propios conflictos—usted solo quiere que la ayuden a entender a como sobre llevar su problema para así poder ayudar a su hijo. En un determinado tiempo en el futuro usted a lo mejor quiera escavar en su propio pasado. Recuerde que su hijo no es la misma persona que usted era en el momento del abuso y la reacción y experiencia que él o ella tuvo posiblemente serán muy diferentes de las suyas.

Usted merece el crédito por haber enfrentado directamente con el abuso de su hijo leyendo esta guía a pesar de que este tema es absolutamente doloroso para usted. Muchos padres con historia de abuso en su misma persona niegan o desvaloran la victimización de su hijo. Mientras tratan de no pensar en su propio dolor, ellos continúan en evadir el tema tanto así que el hijo no recibe el apoyo apropiado. Otro problema ocurre cuando usted dirige su enfado a su hijo puesto que usted también fue víctima en el pasado. Su propia experiencia como víctima produce coraje lo cual no debería usted proyectar hacia su hijo. Muchos adultos que han sobrevivido abuso sexual sobreestiman su propia habilidad en reaccionar o escapar del abuso. Es importante de no cargar su hijo con esa responsabilidad.

Hay muchos libros excelentes para adultos sobrevivientes de abuso, y cada comunidad tendrá un grupo de apoyo para adultos que fueron víctimas de abuso sexual (averigüe con su centro local que trata con la crisis de violación). El único aspecto positivo de la terrible situación de un adulto que fue víctima de abuso quien tiene un hijo que también ha sufrido de lo mismo es que ambos pueden recuperarse juntos.

TERAPIA

¿Cómo puedo encontrar un buen terapeuta?

La oficina local de servicios de protección para niños, un centro para mujeres, o un centro para víctimas de violación le puede ayudar a encontrar a alguien con las habilidades y competencias en esta área. El terapeuta puede ser un consejero profesional, un trabajador social de clínica, un psicólogo o psiquiatra. Un consejero profesional generalmente tiene un masterado en consejo o psicología, un trabajador social de clínica tendrá un masterado en servicio social, un psicólogo tendrá un doctorado (Ph.D. o Psy.D.) en psicología de clínica o consejo, y un psiquiatra tendrá un doctorado (M.D.) y será un doctor en medicina que se ha especializado en problemas psicológicos. No importa cual es la especialización especifica del terapeuta, él o ella necesita una licencia del estado donde practica. Muchos estados ahora tienen páginas en el internet sobre el estado de la licenciatura de profesionales en el campo de salud mental. También usted podrá posiblemente averiguar si han sido objetos de acciones disciplinarias. Usted puede encontrar información sobre terapeutas a *http://www.apa.org* o *http://www.nationalregister.com*. Usted puede encontrar información acerca de trabajadores sociales de clínica por categoría y especialización a *http://www.socialworkers.org*.

Su terapeuta le puede dar este libro y si usted lo obtiene independientemente, usted se lo puede mostrar a su terapeuta para así juntos trabajar en la misma dirección.

¿Cómo puedo saber si he encontrado un buen terapeuta?

Una vez que usted ya ha averiguado las credenciales y ha tratado de conseguir una recomendación a través de una persona en quien usted confía, usted tiene que seguir su propia intuición. Obviamente, cualquier tipo de terapia va a causar tensión durante este período de la vida de su familia. A pesar de todo, usted debe sentirse básicamente cómodo con el terapeuta. Usted debe sentirse libre para preguntarle acerca de la experiencia profesional del terapeuta y su área de competencia. Un buen terapeuta le responderá a estas preguntas sin ponerse a la defensiva. Usted no debe sentir que el terapeuta le trata con condescendencia ni falta de respeto por ningún motivo. El terapeuta debería estar dispuesto hablar de las metas de la terapia, la duración, el precio, el seguro, y temas de confidencialidad. Usted debe sentir que usted y su hijo tienen la atención y cuidado completo del terapeuta durante su cita y que sus preocupaciones se tratan de una manera seria. Si todo lo demás es igual, generalmente terapeutas con más experiencia profesional son más hábiles que un terapeuta que recién ha comenzado. Entre factores positivos encontramos: personal amables en el consultorio como la recepcionista, personas competentes en la contabilidad y una localidad conveniente. Si su hija necesita antidepresivos u otros medicamentos para ansiedad, el terapeuta que colabora con un buen psiquiatra podrá trabajar con el doctor para asegurar que el tratamiento es apropiado.

¿Cómo podré pagar a un terapeuta?

Un buen terapeuta posiblemente será muy caro. Si usted tiene seguro de salud, probablemente usted tendrá beneficios para problemas mentales. Llame a su compañía de seguro y pregunte acerca de los beneficios y si es necesario que usted elija a un proveedor de la lista aprobada. Asegúrese en preguntar por alguien con competencias especializadas en trabajo con niños y familias en asuntos de abuso. Si no hay nadie en la lista que corresponda con sus necesidades, la compañía de seguro hará una excepción y pagará para servicios fuera de la red ("out of network"). Esté consciente de que muchas organizaciones de mantenimiento de salud ("HMOs") le rembolsarán por un número muy limitado de visitas. Puesto que abuso afecta muchos aspectos en la vida de un niño, es posible que la terapia requiera más tiempo de lo que el seguro permite. Hable con el terapeuta en su primera visita acerca del tiempo que tomará la terapia y que pasará si la compañía de seguros resiste autorizar suficientes visitas.

Existen alternativas que cuestan menos que terapia privada que pueden ser buenas. Casi todas comunidades tienen un centro médico mental solventado por el gobierno que cobra según el ingreso del cliente. La desventaja es que usted posiblemente encontrará terapeutas con poca experiencia, sin especialidad en tratar abuso sexual o un tratamiento muy limitado. De nuevo su centro local de crisis para víctimas de violación, un centro para mujeres o el consejero de la escuela de su hijo probablemente le podrá ayudar a encontrar un buen lugar para conseguir terapia. Muchas universidades tienen centros de servicios psicológicos de precios bajos, también hay agencias de servicios familiares sin fines lucrativos que ofrecen tratamiento económico según su ingreso. Su jefe posiblemente ofrece servicios a través de un plan de asistencia para empleados (ej. "Employee Assistance Plan—EAP") el cual generalmente provee tratamiento a corto tiempo, evaluaciones y referencias. Ellos probablemente le podrán ayudar a encontrar un terapeuta apropiado para un tratamiento que tomará largo tiempo, o le proveerá un par de visitas necesarias para usted o su esposo. El centro de protección de niños del departamento del estado del servicio social probablemente tendrá terapeutas calificados y disponibles por un costo mínimo o gratuito. Diferentes estados llaman a este departamento por varios nombres distintos como por ejemplo el Departamento de servicios para niños y familia ("Department of Children and Family Services"), pero en cualquier caso es a estas agencias a las cuales se tiene que reportar abuso de niños.

Unos estados tienen programas de asistencia para victimas que pagan una parte o todo el precio del tratamiento de la víctima del crimen. Mientras haya un reporte de la policía del abuso, la víctima probablemente será calificado para pagos o rembolsados para los gastos de la terapia. Muchos de los programas para víctimas son administrados por el fiscal de la oficina del tribunal. Llame a la oficina de servicios locales del tribunal para saber si este tipo de programa le está disponible. Usted posiblemente tendrá que encontrar un terapeuta que este dispuesto a esperar si usted no le puede pagar de inmediato. La mayoría de estos programas pagan solo por la consulta que está directamente conectada al crimen. Por ejemplo, si su hijo tiene problemas como Desorden de atención déficit hiperactivo (ADHD) y ha sido abusado, solo la terapia relacionada con el abuso será rembolsado pero no el problema de ADHD. La Organización nacional para asistir víctimas (NOVA) tiene información extensiva disponible en el Internet a *http://www.try-nova.org*.

Otra opción es que el tribunal haga pagar al que causó el abuso por el costo de la terapia para la víctima. Se puede hacer como parte de un acuerdo entre el defensor y el acusador en lo cual el que causó el abuso se declara culpable por un deleito menos grave. Usted puede preguntarle a su abogado o el acusador acerca de este arreglo. Algunos sobrevivientes de abuso han demandado al abusador en un tribunal civil por el costo del tratamiento. Consulte a un abogado si ésta es una avenida que usted le gustaría explorar.

¿Mi familia necesita terapia?

Terapia para la familia es un método beneficioso enfrentar temas que afectan a la familia entera. Es cierto que el abuso sexual tiene un impacto en cada miembro de la familia y hay momentos en el proceso cuando terapia familiar es apropiada. Sin embargo, terapia individual (solo o combinado con terapia familiar) puede ser más apropiado en ciertas situaciones como por ejemplo cuando un adolescente necesita hablar acerca del abuso en detalles, pero no lo quiere hacer en frente de los padres de él o ella. Terapia familiar no es apropiada cuando ésta incluya él que causó el abuso quien no ha ha participado en un programa extensivo de tratamiento de un grupo o individual. Ningún niño debería pasar por las fases iniciales las cuales tienen que tratar con el abuso mientras que él que causó el abuso está presente. Terapia familiar que incluye al abusador solo debería ocurrir (1) si el abusador ha completado un programa extensivo de tratamiento en grupo o individual; (2) si usted tiene planes de vivir con el abusador de nuevo: (3) si la trabajadora del servicio de protección para niños piensa que esto es apropiado; (4) si el terapeuta del niño piensa que esto es apropiado; (5) si el niño no tiene miedo ni se opone. Si el abusador es su pareja, ustedes ciertamente deberían participar en trabajo terapéutico extensivo como pareja antes de que el niño sea incluido en la terapia familiar.

¿Y qué de la confidencialidad en terapia?

La mayoría de lo que se habla en una conversación terapéutica permanecerá como un tema confidencial. Sin embargo, la ley requiere a todos los profesionales en problemas mentales (tales como profesores, personal médico, trabajadores sociales para niños, y otros) que cualquier sospecha de abuso en niños sea reportada. Cuando usted está buscando terapia para su niño, el terapeuta trabajará con usted para reportar esto apropiadamente para ayudarle a usted y a su niño enfrentar con las consecuencias. También, si el cliente demuestra tendencia a suicidarse o amenaza causar daño a otros, el terapeuta posiblemente tendrá que romper la confidencialidad para garantizar la seguridad. En ciertos casos, archivos tendrán que ser presentados por orden del tribunal. Si el cliente no quiere que los archivos sean presentados o si la terapeuta piensa que esto no sirve el interés del cliente, incluso la cita del tribunal posiblemente puede ser revocada. Asegúrese de que el terapeuta suyo o de su hijo trata temas confidenciales con claridad y profundidad en la primera visita. Haga preguntas acerca de todo lo que no sea claro para usted.

¿Cómo puedo informarme acerca de la terapia de mi hijo?

Si su hijo es muy joven (entre la edad cuando se comienza caminar hasta que él va al kinder o una escuela pre-escolar) usted puede estar presente para todas o casi todas las visitas. Con un niño más grande, usted tiene que equilibrar su deseo de saber como el niño está con la necesidad que tiene el niño de tener una oportunidad privada para desahogarse con el terapeuta. Hable con el terapeuta del niño al principio acerca de este tema y clarifique lo que es y lo que no es confidencial. Un adolescente en tratamiento individual necesita respeto adecuado para sus visitas en privado con el terapeuta. El terapeuta debería compartir las metas generales y el progreso esperado del tratamiento con usted solamente si el joven lo sabe con anticipación.

¿Y qué de tratamiento en grupo?

Tratamiento en grupo puede ser extremadamente beneficioso. Adolescentes, por ejemplo, pueden desahogarse o compartir más fácilmente entre un grupo de personas de su misma edad que frente a frente con un adulto. Usted puede encontrar un grupo de apoyo para padres que será como una bendición. Éste suministra un lugar privado y seguro para enfrentar todos los conflictos en su vida en compañía de otros quienes realmente lo entienden. Centros para víctimas de violación patrocinan grupos de apoyo, tal como centros de salud mental y algunos centros para familias. También hay un grupo nacional que se llama Padres Unidos Internacional (Parents United International) que trabaja primariamente con casos de incesto y ofrece servicios para abusadores, esposos o esposas y sobrevivientes de abuso. El departamento de protección de niños debería poder informarle como ponerse en contacto con la oficina local. Si usted misma es un sobreviviente de abuso sexual o violencia doméstica o si usted se está recuperando de problemas de abuso de drogas, usted encontrará un grupo específico de apoyo que le proveerá un recurso valioso. Si hay un alcohólico en su familia, sus hijos pueden beneficiarse de un programa de Alcohólicos Anónimos que se llama Ala-Teen, y usted podrá encontrar apoyo en Al-Anon. Hay grupos de Ala-Teen y Al-Anon en casi todos los lugares del país (Vea *http://www.aa.org*).

¿Y tratamiento para él que causó el abuso?

Si el abusador es su pareja, el padre del niño o un familiar cercano, usted tiene interés en que el reciba tratamiento apropiado. En primer lugar, muy pocos abusadores entran voluntariamente en tratamiento. Tratamiento mandado por el tribunal es generalmente la única manera para que entre el abusador en terapia. Sin embargo, terapia sola no es suficiente. A muchos abusadores se les manda a que reciban tratamiento durante el cual ellos simplemente niegan el abuso y desvían del enfoque principal para hablar de sentimientos como sentirse deprimidos. Un terapeuta sin mucha experiencia puede ser sorprendido con historias "tristes" y resulta ser un defensor en vez de confrontar al abusador con sus acciones.

Unos estados ahora requieren certificación para terapeutas que proveen tratamiento para ofensores sexuales. Asegúrense de que cualquier tratamiento mandado por el tribunal para el abusador está bajo la aprobación de esta certificación o alguien con similares credenciales. Una organización que se llama Association for the Treatment of Sexual Abusers (ATSA) ha desarrollado directrices de credenciales y tratamiento. Hay información excelente acerca de ofensores sexuales y tratamiento apropiado (Vea *http://www.atsa.com*). Familiarícese con estas pautas o guías y presione al acusador y/o el juez para asegurarse que el tratamiento mandado es apropiado. NO se ponga de acuerdo en participar en terapia familiar ni de pareja con el abusador como alternativa en que él reciba tratamiento apropiado, individual o en grupo. Muchos profesionales en este campo piensan que tratamiento en grupo en conjunto con terapia individual es el tratamiento más eficaz porque este ayuda a romper el ciclo inevitable que tendrá el abusador de negar el abuso.

Hay programas de tratamiento exhaustivos para ofensores sexuales en algunas áreas. Estes programas requieren una completa evaluación y después ofrece tratamiento individual o en grupo. Algunos incluso ofrecen servicios para niños y la familia.

Si el adolescente es el abusador, tratamiento residencial (cuando la persona reside en el mismo lugar donde recibe la terapia) es requerido. Especialmente si él o ella es adolescente suyo que vive en la misma casa que la víctima, es imprescindible que el abusador sea removido de la casa por un tiempo mientras que recibe tratamiento intensivo. Muchas áreas ahora enfocan en problemas graves de abusadores juveniles y hay algunos programas excelentes que existen hoy en día. De nuevo, el sitio web de ATSA es una fuente excelente de información acerca de tratamientos apropiados para jóvenes delincuentes.

Esté consciente de que incluso si el abusador también abusa drogas o alcohol y actualmente participa en tratamiento para eso, no bastará para resolver el problema del abuso sexual. Mientras que el abuso de droga o alcohol ciertamente puede ser un factor que ha contribuido al abuso, no quiere decir que si el abusador para de drogarse o tomar alcohol ya no cometerá el abuso sexual de nuevo. Hay muchos temas involucrados en perpetrar abuso sexual los cuales son complicados y merecen tratamiento delicado y enfocado específicamente en estos temas. Sí, la persona debe resolver el problema de abuso de drogas por varias razones, pero un programa de tratamiento de abuso de drogas o un programas de 12 etapas es solo un componente de un plan de tratamiento completo.

MIEDO Y PROBLEMAS DE DORMIR

Mi hijo tiene miedo de todo. ¿Por qué?

Niños pequeños por lo general muestran confianza y a pesar de que ellos experimentan miedo de vez en cuando, usualmente ellos se sienten seguros. Cuando un niño ha sido abusado, todos los sentimientos de seguridad que tenían en este mundo han sufrido daño. Por ejemplo, un niño de diez años y previamente independiente, puede rehusar de subir las escaleras en la casa si no es acompañado de su padre. Una niña de siete años a quien le gustaba jugar con otras niñas del vecindario puede tener un deseo de permanecer dentro de la casa todo el día.

Tenga paciencia con este miedo. No le ponga en ridículo al niño y no le diga usted que él tiene ideas tontas como tener miedo de la oscuridad. Trate de animarle a salir poco a poco y ofrezca su apoyo. Por ejemplo, si el niño tiene miedo de estar solo en la segunda planta, anímele a subir con usted y quédese unos minutos con él. Después de un rato, trata de animarle a que esté unos minutos solo. Provee le seguridad, pero dígale con claridad que usted espera que él vencerá el miedo en algún momento en el futuro.

¿Y qué si hay una verdadera razón para su miedo?

Si su hijo fue abusado por alguien quien todavía no ha sido detenido, puede ser difícil para usted manejar el miedo de su hijo cuando todavía existe un verdadero peligro. Asegúrele a su hijo en dar ejemplos concretos en como usted lo protege a él. Por ejemplo, usted puede instalar una alarma de seguridad y trate de que su hijo esté cuando se la prueba por primera vez y explícale como ésta funciona. Ponga nuevos seguros en las puertas y ventanas si es necesario, y si es práctico, usted puede considerar tener un perro. Incluso un perro pequeño que ladra y que protege puede ayudar a que su hijo se siente seguro. No consiga a una mascota si su hijo se comporta de una manera agresiva que incluso puede causar daño al perro (usted puede prestar el perro de un amigo por unos días para ver como su hijo reacciona).

Sea creativo en buscar formas que pueden ayudar a su hija a sentirse segura. Si hay una estación de policía en el vecindario, haga arreglos para que un oficial de policía hable con ella acerca de como la policía puede ayudarle a protegerla a ella. Si ella es suficientemente grande y responsable para usar una alarma personal la cual emitirá un alto sonido de sirena cuando se la activa, cómprele. No le vaya comprar ningún aerosol lacrimógeno porque muchos de esos son prohibidos en escuelas y ella puede ser expulsada por cargar estos. Si ella tiene miedo de jugar en el patio, ponga una silla y siéntese mientras que ella está en el patio. Consulte con la policía o un centro para víctimas de violación acerca de formas para incrementar la seguridad de su hija mientras que el abusador está libre.

Es importante que usted sea honesta con usted mismo acerca de la responsabilidad de como proteger a su hijo. Si usted tiene relaciones con el abusador, usted se sentirá tentada a que él vea su hijo a pesar de que el servicio de protección para niños o el terapeuta piensen que no es buena idea, o incluso el tribunal lo prohibe. Amor, compasión y conveniencias a veces sobre pasan al sentido común. Esto es una idea muy mala. Esto quiere decir que usted todavía está negando se que hubo abuso. Lo cual no ayudará a la familia ni al abusador. En casos extremos, usted incluso puede perder custodia de su hijo si el tribunal piensa que usted no está dando protección apropiado a su hijo. Es muy difícil seguir todas las restricciones que pueden ser establecidas para la seguridad de su hija o su hijo, especialmente si ha pasado mucho tiempo desde que el abuso fue descubierto y usted desesperadamente quiere olvidarlo. Si usted no quiere vivir con las restricciones impuestas, usted incrementa el riesgo de que el abuso pase de nuevo y eso no es actuar justo con su hijo. Incluso el abusador quien ha estado encarcelado podrá abusar de nuevo al mismo niño o niña. Mantenga vigilancia y demuestre a su hijo que usted lo va a mantener seguro.

¿Por qué mi hijo tiene miedo de cosas y eventos cotidianos?

Cuando algo terrible le pasa a una persona, nosotros llamamos a eso *un trauma*. Alguien quien ha experimentado *un trauma* puede reaccionar a ciertas cosas que provocan emociones fuertes. Por ejemplo, un soldado quien combatió en Vietnam muchas veces experimenta un miedo intenso al oír el sonido de un helicóptero y le producirá pánico. Una mujer quien ha sido atacada saltará aterrorizada cuando un compañero de trabajo inocentemente le pone la mano sobre el hombro. Niños quienes han sido víctimas de abuso sexual pueden responder a muchas cosas que les recuerdan el abuso. Por ejemplo, si el abusador tenía una barba, el niño pequeño se esconderá detrás de un mueble si alguien con barba visita la casa. Ciertos olores y sonidos pueden producir una reacción de miedo intenso con palpitaciones del corazón, sudor en las manos y dificultad en respirar. Puede ser que el niño no sabe porque el siente miedo de ciertas personas o cosas. Su conocimiento de este proceso le ayudará a usted a apoyar a su hijo. Hágale saber a el terapeuta de su hijo acerca de este tipo de experiencias el cual le ayudará a su hijo progresar en el tratamiento.

¿Qué puedo hacer con respecto al problema de dormir que mi hijo tiene?

Esto es una consecuencia común de cualquier mala experiencia. El problema de dormir puede ser uno de los más difíciles de tolerar. Como padre, usted también estará enfrentando problemas de dormir. Muchos de nosotros nos sentimos irritados y miserables si no hemos dormido lo suficiente. La estrategia es de ayudar al niño a sentirse más seguro y no abandonarlo a él con su miedo, pero no reforzar comportamiento que terminará en malos hábitos.

Es común que los niños quieren dormir en la cama de sus padres cuando tienen miedo. Esto es porque usted le da cariño y seguridad y ellos terminarán en nunca querer salir de su cama. No permita a su hijo dormir en su cama a menos que usted quiere perder su propio espacio privado y comodidad indefinidamente. Además, su niño ha recibido un estímulo sexual fuerte por el abuso y dormir en su cama puede ser que no sea saludable. Si está asustada y llora por las noches, vaya y vea la; siéntese al lado de la cama y háblele, ore o cántele. No deje que ella dependa de que usted se acueste con ella en la cama hasta que ella se duerma porque esto es un hábito muy difícil de romper. Ayúdele para que ella desarrolle su propio sentido de seguridad por medio de escuchar música en la radio o una cinta que le ayuda a relajar (Self Image for Children por Effective Learning Systems 1-800-966-5683, *http://efflearn.com* es excelente), dormir con su muñeca favorita o un animal de peluche, dejar que un perro mascota duerme en su cuarto y establezca una rutina regular para ir a la cama. Incluso si un niño de doce años se ha desinteresado en los libros que usted le solía leer antes de dormir, si ella está inquieta, sería buena idea establecer esta práctica de nuevo (Busque para libros que tratan de temas positivos y relajantes.).

¿Cómo puedo ayudar a mi hijo enfrentar terribles sueños?

Para ayudar a un niño enfrentar las pesadillas, busque el consejo de un terapeuta. Es importante que usted mismo esté calmada. Su niño se sentirá mejor en describirle a usted el sueño, pero si él no quiere hablar de eso, no lo obligue A un niño pequeño se lo puede ayudar con un poco de imaginación si él tiene miedo de monstruos, etc. Ponga un ambientador que refresca el aire con algo fragante y dígale a él que a los monstruos no les gusta el olor de flores del ambientador y que ellos no vendrán. No deje que el niño vea televisión ni corra a la hora de ir a la cama si tiene problemas de dormir. Algunas de estas actividades ya sugeridas le ayudarán al niño que se termine durmiendo. Durante el día, el niño sentirá seguridad en controlar su miedo en dibujar lo que ve en sus pesadillas, y después él puede romper el papel en muchos pedazos si es posible.

Ponga atención en los programas de televisión que él ve, las películas que él mira y los libros que él lee. Muchos niños disfrutan de libros y programas de miedo. En circunstancias normales, los libros y programas para niños pueden ser inofensivos, pero para un niño que tiene pesadillas, no debería leer ni mirar cosas miedosas. Hay niños que constantemente miran a la televisión, las películas, los programas los cuales no son apropiados para su edad porque tienen mucha violencia, mucho sexo, lo cual es muy intenso para ellos. Usted necesita saber lo que su niño ve por televisión y ayudarle en escoger los programas. Una buena dosis de películas y programas positivos para familias será beneficio a pesar de que su hijo piense que estos programas no sean divertidos. Un niño que tiene problemas de dormir, no debería tener un televisor en su habitación. Usted tiene poco control sobre lo que él mira y la televisión le tentará como substituto para dormir.

Si usted y su niño todavía viven en la casa donde el abuso tuvo lugar, y especialmente si el crimen fue en el dormitorio, usted querrá cambiar al niño a otro dormitorio. Compré sabanas nuevas y una nueva cubrecama

(Si no hay mucho dinero, vaya a una tienda de caridad, al mercado de pulgas, etc.) y ponga la cama en una posición distinta. El niño se sentirá más seguro si el cuarto está cerca al suyo. Si una luz de noche hace sentir más cómodo al niño y no lo despierta, deje lo que la use. Usted y su hijo pueden escoger un poster con una escena tranquila y alegre y la pueden colgar donde él lo puede ver antes de dormir y cuando se despierta. Según sus creencias religiosas usted puede escoger una imagen religiosa, un ángel por ejemplo lo puede hacer sentir cómodo (Usted debería estar seguro que esto no le hace asustar a su hijo.). Si su hija tiene miedo de que usted no la puede oír, usted puede conseguir un monitor electrónico para facilitar la comunicación inmediata. Un niño que simplemente rehusa dormir en su propia cama se le puede permitir dormir en el pasillo por algunas noches. No permita al niño dormir en la sala puesto que esto no le dará espacio privado ni tiempo para usted después de que el niño se ha ido a dormir. Responda al miedo genuino de su hijo, pero trate gradualmente de disminuir su reacción para que el niño no la manipule y así usted no lo resentirá a él. Deje claro que cualquier cambio normal a la rutina no será permanente y que usted espera que las cosas vuelvan a su normalidad.

PROBLEMAS DE COMPORTAMIENTO

¿Por qué mi hijo actúa de una manera tan agresiva?

El profesor llama para decir que su hijo empujó a otro estudiante en un hueco, y esto no es la primera vez que esto pasa. Su adolescente parece gritarle a usted sin parar. Usted espera que unos adolescentes sean rebeldes, pero esto es insoportable. "¡Te detesto!" es lo que sale de la boca de su hijo cada vez que usted le pone limites. Usted piensa para si mismo, "¿Yo no fui quien abuso mi niño—por qué ella está tan enojada *conmigo*?"

Niños quienes han sido abusados tienen derecho a sentirse enojados, pero ellos no tienen el derecho actuar detestablemente ni abusivamente con usted o cualquier otra persona. Es difícil para padres entender a veces que el coraje no está dirigido al abusador sino hacia el padre que no lo ha ofendido o a cualquier inocente como por ejemplo su hermano. Niños y adolescentes pueden enojarse sin darse cuenta y sin saber el porque. Ellos podrán enojarse con usted porque piensan que usted no los protegió. Incluso si ellos tienen la madurez suficiente para saber que esto no es la verdad, ellos sentirán que esto es verdad. Por lo general, les da miedo dirigir su coraje hacia el abusador. Si el abusador es el padre o alguien cercano al niño, el niño sentirá culpable acerca de todo lo que siente—es posible que quiera a alguien y que la odie a esa persona al mismo tiempo.

Usted posiblemente tendrá que aceptar la responsabilidad por ser objeto del coraje de su niño. Es posible que usted evadió, negó o minimizó el abuso de su hijo y el niño ahora percibe que usted no le protegió de una manera adecuada y tal vez hay algo de verdad en eso. Trabaje en estos problemas con su propio terapeuta o su grupo de apoyo. Usted es un ser humano y posiblemente ha cometido algunos terribles errores. Si eso es así, usted debería pedir disculpa a su niño de una forma honesta y humilde y debería prepararse puesto que el perdón es algo que tomará tiempo. Si hay factores como su propia experiencia de abuso que han contribuido a la falta de una reacción inmediata al abuso del niño, enfrente estos factores directamente y explique los a su hijo si él es suficientemente grande para entender esto. Es importante no tratar de excusarse a uno mismo o esperar que su hijo la ayude sentir mejor o menos culpable.

¿Qué puedo hacer para controlar el comportamiento agresivo?

Por muy difícil que sea, trate de no sentir coraje. Esto no quiere decir, que mientras que su hijo le tira una silla a usted, usted va sonreír dulcemente sin hacer nada. Esto quiere decir que usted tiene que corregir a su hijo de una manera firme e imparcial sin sentirse enfurecida. Usted probablemente tendrá mucho coraje con respecto al abuso, y usted se sentirá cansada, presionada y oprimida por la mala conducta de su hijo. Llame a su amigo, escriba sus problemas, converse con su terapeuta o con su grupo de apoyo, pero no derrame su coraje y frustración.

Dígale a su hijo de una manera firme y clara que usted no aceptará mala conducta y que usted hará lo necesario para ayudarle a su hijo a controlarse a si mismo. Aunque parezca difícil añadir una nueva actividad en este momento, una clase para padres la cual enseña disciplina le ayudará en estos momentos. Busque en la escuela de su hijo o en un centro local de salud mental para clases económicas. Incluso si usted tiene excelentes habilidades como padre, la conducta actual de su hijo será realmente desafiante. Trate de no emplear ningún castigo corporal. Para un niño quien ya ha sido víctima, golpes pueden causar más coraje y sentimientos de haber sido tratado injustamente y no enseña comportamiento apropiado tampoco. Según la edad de su hijo el uso de disciplina como mandarlo a su cuarto, no permitirle usar cosas de que él disfruta o darle más tareas, posiblemente será más efectivo. Lo mejor es corregir de inmediato la mala conducta y hacer que vea las consecuencias de esta conducta lo más pronto posible. No deje que nadie (su mamá, por ejemplo) se encargue de darle disciplina a su hijo porque usted no sabe como enfrentar la situación. Esto hará que su hija piense que usted no puede protegerla y que usted no quiere incluso ser su padre o madre.

Tener buena información para padres le podrá ayudar responder apropiadamente a la mala conducta de su hijo. Un buen libro Assertive Discipline por Marlene Canter realmente le ayudará. Usted puede conseguir este libro y otros en una biblioteca, a través de librerías directamente o por el Internet. Otro libro excelente es Parenting Toward Solutions por Linda Metcalf y Scott Miller.

¿Cómo puedo prevenir el comportamiento agresivo?

La capacidad de su hijo de tolerar frustraciones puede ser muy baja por el momento, entonces trate de evadir situaciones extremadamente exigentes. Por ejemplo, si su hijo se porta de una forma agresiva con sus amigos, no invite a un grupo muy grande de niños ni adolescentes y los deje solos. Usted puede apostar con alguien que en pocos minutos alguien va a gritar. En su lugar, invite solo un amigo para una actividad específica como por ejemplo para hacer trabajo de arte o mirar un video mientras que usted está en la habitación. Su hijo necesita dormir y alimentarse bien porque así puede tolerar un nivel más alto de frustración. Sea flexible con sus planes. Si su hijo ha pasado una mala noche por las pesadillas, posponga el ir al supermercado para hacer sus compras si se puede.

Ayude a su hijo expresar su coraje en formas no destructivas, por ejemplo, un niño pequeño puede dibujar una persona enojada y después romper el dibujo si quiere. Un adolescente podría escribir una carta para expresar su coraje al abusador incluso si no lo envía (Consulte con el terapeuta antes de sugerir eso). Todos los niños necesitan mucho ejercicio y actividades afuera en el aire fresco cuando tienen dificultades en controlar su coraje. Una media hora en el parque puede producir un día entero de paz.

¿Cómo influye mi coraje?

Usted tiene un pequeño secreto de culpa y a lo mejor usted siente un poco de coraje con su hijo. A pesar de que usted sabe que esto es irrazonable e incluso despreciable, usted siente que si ella solamente no le hubiese contado del abuso, la vida hubiese continuado como siempre—a lo mejor no tan buena, pero no como lo que están viviendo ahora. A lo mejor usted tiene que enfrentar una trabajadora social quien la hace enojar porque ella le impone tantas restricciones a usted, duda y furia en la familia extendida, un sistema legal complicado, el abusador acusado quien actúa como que si todo es culpa de usted, un peso económico grande que usted nunca había enfrentado antes, y usted no puede creer que su vida haya cambiado completamente en tan corto tiempo. Y toda la frustración probablemente estará dirigida a su hijo. Si el abusador fue su pareja, algo de usted posiblemente la hará sentir como que su hija es su rival sexual y usted termina perdiendo.

Hay muchos pensamientos horribles e injustificados, pero somos humanos. Su trabajo es compartir esto solamente con su propia terapeuta o el grupo de apoyo en un lugar apropiado y no imponer esto en su hijo. A lo mejor usted sienta que no es justo que tenga que elegir entre el bienestar de su hijo y su relación con el abusador. Alégrese de que usted tuvo la fuerza necesaria para elegir con lo que tiene que seguir viviendo. Protectoras de niños podrán contarle muchas historias de padres quienes dejaron que sus hijos sean puestos en casas de adopción o que su hijo huya en vez de terminar su relación con la pareja abusadora. Usted habrá tenido una grava pérdida si el abusador fue su pareja o su amigo, pero eso no es la culpa de su hijo. Si usted actúa cruel con ella, ella notará su coraje y sentirá furia y dolor contra usted.

¡Mi hijo está haciendo cosas muy vergonzosas! ¿Por qué?

Su hija de tres años tuvo que ir al hospital de emergencias porque ella se metió un lápiz de cera en la vagina. Su hijo de cuatro años se subió encima del perro y hizo señales sexuales con su cuerpo. Su hija de siete años hizo enfurecer a la tía porque le quitó la ropa al primo pequeño y se metió debajo de la sabana con él. Su hija de diez años trata de sentarse sobre las piernas de su amigo, haciéndolo sentir incomodo. Su hija de trece años tiene un enamorado de dieciséis años, y usted encuentra una nota contando le a una amiga que estaban ". . . haciéndolo." Su hijo de quince años tiene una obsesión por la pornografía a través del Internet a pesar de que usted lo ha prohibido en su casa.

Niños pequeños se desahogan de cosas que les molestan para poder dominar una experiencia incontrolable. Niños que han sido abusados han sido estimulados sexualmente. Muchas veces los adultos no quieren considerar que abuso no violento probablemente ha provocado un placer físico en el niño, cuando menos por el momento esto no deja de ser emocionalmente destructivo, pero podría ser que el niño experimente con sus propios sentimientos sexuales. Además, si el abuso tuvo lugar durante un período considerable con un adulto con quien la niña se sentía muy cercano, ella aprendió que actividad sexual es una forma de recibir atención y algunas veces cariño.

¿Por qué mi hija siempre se está tocando?

Los niños sí se masturban. Los genitales son partes sensibles del cuerpo y tocarlos generalmente produce una buena satisfacción. Niños quienes no han sido abusados usualmente no enfocan en estas actividades, pero ellos aprenden muy temprano cuando no es apropiado masturbarse. Un niño de ocho años de edad quien se toca a si mismo mientras que está en la escuela o una niña de seis años quien se alza su vestido y se frota a ella misma mientras la familia mira la televisión juntos, claramente esto yace fuera de una actitud normal. Si su meta es de que usted no quiere que su hijo se masturbe, usted fracasará. Auto exploración es una parte normal de cuando uno está creciendo. Hay formas para ayudar a un adolescente a que llegue conocer su cuerpo y su sexualidad. Sin embargo, masturbarse publicamente nunca es apropiado y es muy difícil erradicar esta forma de comportarse. Niños muchas veces se masturban como una compulsión debido a presiones no sexuales, y esto es un comportamiento tranquilizante para ellos. Trate de aproximar el tema calmadamente; explique lo que es y lo que no es apropiado. No enfoque mucho su atención en la actitud, porque una atención negativa causará que esta actitud persista. Trate de que su hijo se ponga de acuerdo en que esto es simplemente un mal hábito cuando es hecho en público y que trate de que coopere en cambiar este hábito. Por ejemplo, usted tiene una palabra secreta que le recuerda al niño parar si el niño no se da cuenta de que él se está tocando a el mismo. Dele algo al niño con que jugar que tiene una textura interesante mientras miran la televisión o están por allí sentados, un oso de peluche o una pelota (una de las pelotas de caucho o plástico que tiene tentáculos pequeños). Trate de mantener las manos del niño ocupadas con una actividad de arte. Si lo demás no funciona, simplemente dígale al niño de antemano que usted le quitará a él de ciertas situaciones si él hace que otros se sientan incomodos, y sin discutir lo más, hágalo esto.

¿Qué puedo hacer acerca del comportamiento sexual inapropiado?

Con niños quienes revelan su sexualidad usted posiblemente tendrá que acudir ayuda profesional, pero su papel es muy importante. Primero, no deje que ellos se sienten avergonzados. Usted posiblemente piense, "ella es suficientemente grande para saber que esto no se hace," pero esto no es una cosa simple. No le diga a ella que es una mala niña o que ella tiene una mente sucia. Segundo, diga de una manera clara y específica lo que es y no es un comportamiento apropiado. "No se besa amigos y conocidos en la boca. Eso es para adultos quienes tienen un relación muy especial entre ellos. Tu puedes besar a tu abuela o tu Tío Roberto en la mejilla. No es buena idea besar al aconsejador de un campamento o al esposo de una niñera para nada." Un niño pequeño puede dibujar personas que ella conoce en una tarjeta y usted puede ayudar la a ella a clasificar entre "besos para amigos" y "saludos de mano para amigos."

Incluso si usted ha hecho esto muchas veces antes, ahora es el tiempo para repetir lo que usted ha dicho sobre "lo que es bueno tocar" y "lo que no es bueno tocar." Vaya a la biblioteca y lea cuidadosamente los libros de niños acerca de este tema y preste uno que usted piensa que es apropiado para su niño. La consejera o la psicóloga de la escuela de su hijo posiblemente tendrá sugerencias también. Lea libros con su hijo. No tenga miedo de usar términos correctos de partes del cuerpo. Este es una forma de ayudar a proteger a su niño. Un niño pequeño quien le dice a su maestra que alguien lo tocó "cosas" posiblemente no comunicará la seriedad de esta acción; un niño quien puede decir, "alguien me tocó mi pene," la maestra probablemente tomará más en serio lo que él dice. Con un niño más grande quien no quiere hablar con usted acerca de esto por que lo avergüenza, revise un libro que es apropiado para la edad de él o ella y cómprelo. Dele éste al niño sin mostrarse preocupada y dígale que lo lea en su cuarto solo. Si el niño es del sexo opuesto, asegúrese que alguien del mismo sexo está disponible a responder a cualquiera pregunta.

Mi hijo inició actividades sexuales con otros niños. ¿Es él un abusador también?

Esto es algo que usted tiene que considerar con mucho cuidado y de una manera honesta. Tenga en mente de que niños pequeños, incluso aquellos quienes no han sido abusados, participarán en juegos de sexo entre ellos. Si su niña de cuatro años de edad se la encuentra jugando "al doctor" con su amigo pequeño de cuatro años, y esta actividad consiste en sacarse el vestido y mirar, no reaccione de una manera fuerte y presumir que esto es algo incorrecto en él. Dígale a ella, "Así no es como se juega. Por favor, ponte la ropa y venga jugar en la sala." Incluso si un niño participa en juegos de sexo sofisticados e inquietantes, posiblemente será suficiente hablarle claramente, sin mostrar coraje, y contarle porque el comportarse así no es apropiado. También usted debería supervisarles por un período de tiempo extensivo. Cuéntale esto al terapeuta de su hijo, pero no en una forma que hace sentir a su hija humillada.

Su hijo está enfrentando con su propio problema de abuso de una manera muy peligrosa si: (1) él es sexualmente activo con alguien menor o una niña menos madura—diez años de edad con uno de trece años de edad, por ejemplo, o una adolescente mentalmente normal con un joven inmaduro y mentalmente retardado; (2) ella usa cualquier tipo de fuerza, amenaza, insultos o manipulación; (3) él tiene relaciones sexuales con otro niño o participa en cualquier tipo de comportamiento sexual muy extraño; (4) ella molesta sexualmente a cualquier niño que ella cuida tal como un hermano pequeño o niño bajo su cuidado como niñera. Este niño o esta niña necesita ayuda inmediata. Muchas veces usted tendrá que enfrentar una situación angustiada al tener que proteger a su hijo pequeño de su hermana mayor. Es natural querer negar que esto pasa cuando su corazón se está roto en dos partes. Sin embargo, usted tiene que intervenir rápidamente con ayuda profesional al punto necesario de proteger a los otros. El niño quien está causando el abuso sentirá una tremenda culpa y miedo, y aunque el posiblemente se siente furioso y trate de negar cualquier culpabilidad, él necesita su ayuda para parar esta situación.

Mientras que un porcentaje pequeño de niños quienes han sido sexualmente abusados terminan siendo abusadores, muchos abusadores fueron abusados en su niñez. Algunos adultos quienes han molestado a niños comienzan con este comportamiento cuando ellos eran adolescentes. Hay programas de tratamiento en muchas partes del país para adolescentes abusadores sexuales. A pesar de que usted posiblemente sienta un terrible dolor a pensar en su hijo, quien ha sido víctima, su hijo ahora comience hacerse abusador y usted no podrá ayudarle a él si usted esconde su cabeza en la arena. Busque ayuda profesional y enfrente la situación.

¿Hay algo más que puedo hacer para prevenir comportamiento negativo?

La medida más importante para cualquier comportamiento negativo en un niño traumatizado es poner atención positiva al comportamiento y supervisarle bien. Para ayudar a prevenir comportamiento sexual demostrativo, evite situaciones que le estimulan a un niño que ha sido abusado. Algo tan inocente como darse un baño de tina, su hija de cuatro años con su hermano de dos años, posiblemente será demasiado para ella soportar. No deje que niños quienes han sido abusados duerman con otros niños, y no dejes que ellos controlen a niños pequeños si usted tiene cualquier duda en su mente acerca de la conducta de ellos.

Mi hijo cuenta a todos acerca del abuso.

Una vez que el secreto es revelado, niños por lo general tienen dificultad en distinguir cuando es apropiado hablar de esto. Por ejemplo, usted ha tratado de animar a su hija a conversar con el terapeuta sobre lo que ha pasado, pero también ella lo cuenta a otra persona como por ejemplo a la cajera del supermercado y dice, "¡Mi padre me tocó la nalga de una manera mala!" La manera de manejar esta situación es decirle a la niña que el abuso ya no es un secreto, pero es algo privado que solo se lo conversa con ciertas personas. Ayúdele identificar personas apropiadas en quien confiar. Niños pequeños pueden dibujar una figura "de personas hablando." "Tu puedes hablar acerca de esto con tu terapeuta, la abuela, la Tía María, la consejera de la escuela, o conmigo."

Respete la vida privada de su hijo en no comentar sobre el abuso sin necesidad especialmente donde él puede oír. Si usted quiere contarle a su hermana lo que ha pasado para tener un apoyo de parte de ella, hágalo esto en el lugar y el tiempo donde el niño no pueda oír a menos que él quiera que ella sepa. No prometa confidencialidad si usted no puede cumplir. Si su hijo le ruega que no cuente esto a su vecina, pero usted tiene miedo de que los hijos de la vecina posiblemente han sido expuestos al abusador también, sea honesta con su hijo y dígale que usted tiene que contar esto para proteger los hijos de la vecina.

¿Por qué todo va tan mal para mi hijo en la escuela?

Si su hijo tiene dificultades en la escuela, determine si esto es un problema ya de mucho tiempo o es un resultado de un trastorno emocional causado por el abuso. Si esto es un problema crónico, pida en la escuela que se le tome un examen a su hijo y que le sugieran soluciones. Si esto es un problema de concentración o es un problema de excitación resultado del abuso, trate de entender a su hijo, pero no deje que el problema vaya aumentar. Usted puede decirle a él que cuando los niños están preocupados, muchas veces es difícil concentrarse en la escuela, pero esto mejorará ahora que él ya comienza a sentirse mejor. Hágalo trabajar con el terapeuta en estos problemas. El terapeuta probablemente querrá consultar con la maestra de su hijo para proveer asistencia adicional y apoyo. Si su hijo acepta su ayuda con deberes de la escuela sin conflictos, asegúrese de que usted estará disponible para ayudarle. Pero si esto produce problemas, consígale un ayudante. Incluso a un estudiante inteligente del colegio que puede venir dos veces a la semana puede ayudar para causar una diferencia muy grande en las notas de su hijo y también le puede ayudar a tener una mejor opinión de si mismo. Una excelente fuente de ideas y sugerencias prácticas para desarrollar las actitudes necesarias para lograr éxito en la escuela y en la vida se encuentra en el libro *Mega Skills* por Dra. Dorothy Rich. El sitio del Internet que corresponde al libro también vale visitar: *http://www.megasillshsi.org. Homework Without Tears* por Lee Canter es una obra clásica que le podrá ayudar a reducir conflictos acerca de tareas y podrá ayudar a su hijo a ser más organizado. El éxito de su hijo en la escuela podrá ayudar estimarse a si mismo.

¿Cómo puedo saber si mi hijo necesita ayuda o si él me está manipulando?

Es obvio que su hija se siente estresada y muchas veces terribles cosas le han pasado a ella. No importan las circunstancias, usted se siente terriblemente culpable y para hacer las cosas peores, el comportamiento de ella realmente la irrita a usted. Usted no sabe si debería satisfacer las necesidades de ella para compensar por su estado miserable o parar su comportamiento terrible de inmediato. La regla general es controlar su coraje y también continuar con la esperanza que el comportamiento de su hijo sea razonable. Usted ciertamente tendrá que dar a su hijo algo de libertad en el período inmediato después del abuso puesto que visitas al tribunal o visitas supervisadas con el abusador producen un alto período de tensión. Esta guía puede ayudarle informarse acerca de las razones por el comportamiento difícil. Usted no querrá añadir más sufrimiento a su hijo castigándolo por su conducta de la cual él no tiene control, así como llorar por ninguna razón o orinarse en la cama.

Sin embargo, los niños se sienten seguros cuando hay consistencia y una estructura en la vida de ellos. No trate de enfrentar el insomnio de su hijo y dejarle dormir en la cama de usted ni dejar que todas las noches este despierto hasta la medianoche. No deje que su hijo duerma en la cama de usted para solucionar el insomnio de él. No deje que su hija con su coraje injustificado la golpee en su cara ni que abuse la mascota de la familia. Si usted hace esto, él o ella sentirá fuera de control y más culpable.

Sus propios sentimientos son las mejores señales. Si usted siente algún resentimiento y se siente aprovechada, ponga límites. Ponga por claro que *los sentimientos* de su hija son aceptables, pero *la conducta* de ella tiene que ser razonable. Ofrezca alternativas si ella se comporta de una forma no aceptable—por ejemplo, si ella comienza a causar berrinches en el supermercado, ella puede quedarse con la abuela mientras que usted va de compras o puede ponerse de acuerdo de sentarse quieta en el carro. Si su hija adolescente está deprimida y continúa en perder el bus del colegio por que ella "no está lista" por la mañana, usted también levantese temprano para que desayune con su hija—no permite que esto se convierta en un hábito ni ponga excusas para ella.

Su hijo necesita apoyo extra en la forma de tiempo, atención y paciencia; él no necesita menos reglas de conducta, menos responsabilidades familiares (aunque posiblemente por un tiempo muy corto) ni cosas materiales. Si usted trata el niño abusado muy diferente del resto de la familia, ellos resentirán a él y esto dañará la relación de él con sus hermanos. Trate de usar actividades bien pensados para evadir conflictos, ponga razonables expectativas y recuerde su buen humor y su amor por su hijo cuando usted está al punto de explotar.

AYUDE A SU HIJO A SOBREVIVIR

¿Puede esto suceder de nuevo?

Niños quienes han sido abusados están expuestos a un alto riesgo de ser abusados de nuevo o violados por cualquier otra persona. Hay un gran número de factores los cuales incrementan el riesgo que incluyen la inhabilidad del niño para distinguir entre comportamiento apropiado e inapropiado, una baja auto-estimación, un alto riesgo de abusar drogas lo cual produce un estado vulnerable y el aprender a obtener atención a través de comportamiento sexual. Además, si el contar acerca del abuso resultó en consecuencias negativas y una agitación en el niño, él posiblemente no estará dispuesto de contar cualquier abuso en el futuro. Usted necesita hablar con su hijo francamente acerca de como protegerse a si mismo, ayudarle a mejorar su opinión de si mismo y estar consciente de las posibilidades.

Si el abusador de su hijo no está en la cárcel y no ha completado un programa de alta calidad para ofensores sexuales, y si su hijo continúa tenidendo contacto con el abusador, su hijo está expuesto a un alto riesgo. Incluso con tratamiento, deseos sexuales de un niño es un problema muy difícil superar. Hable con un profesional que tiene mucho conocimiento acerca de como proteger a su hijo.

¿Por qué todavía mi hijo piensa que el abuso fue su culpa?

Ayudar a su hija a reconstruir el respeto hacia ella misma es uno de las tareas valiosas que usted puede emprender. Primero, trate de aliviar la culpa que ella siente. No importa si su hija participó sin resistir el abuso o si el abusador la sobornó para que ella no dijera nada—*¡No fue la culpa de la niña!* Fue la responsabilidad del adulto de no participar en actividades sexuales con los niños, no importando cuales fueran las circunstancias.

Incluso un niño pequeño frecuentemente siente una culpa terrible. Adultos sobrevivientes de abuso frecuentemente hablan acerca de la responsabilidad de lo que ha pasado. Esto suena como que ellos creen que ellos deberían haber parado el abuso incluso si ellos eran pre-escolares cuando hubo el abuso. Sea bien clara con su hijo de que usted no lo hace responsable por el abuso. A veces, con niños grandes y adolescentes, el abuso posiblemente tomará lugar en el contexto de su comportamiento que el niño sabía lo que era incorrecto—por ejemplo, un adolescente va al apartamento de un adulto a beber licor o usar drogas y luego es abusado. Enfatice a su hijo que aunque fue incorrecto el de ir con un adulto a una fiesta, el abuso no fue su culpa y usted no le eche la culpa a él.

Si su hija es adolescente quien estaba envuelta en lo que parecía una relación con un adulto en la cual los dos estaban de acuerdo (tal como un padrastro), es importante recordar que fue la obligación del adulto de evadir un contacto sexual. A veces niños son acusados de ser "seductivos" o "provocativos." De todas formas un adulto con una mente sana, diría, "No te sientes tan cerca de mi. Eso me hace sentir incómodo." Usted posiblemente se enoja con su hija por que se ha puesto en el papel de un amante con su pareja. Si esto es así, por favor trabaje con su terapeuta o un grupo de apoyo. Es imprescindible que usted considera su hija como una niña abusada y no como su rival ni usurpadora de su posición. Esta es una situación muy difícil de enfrentar y usted necesita toda la ayuda que usted puede obtener.

Usted tendrá que intervenir si los hermanos u otros miembros de la familia le echan la culpa a su hijo, ya sea por el abuso o por las consecuencias: "¡Mi abuelo no estaría en la cárcel si no fuese por tu culpa!" Dígales a sus otros hijos que el abuso no fue culpa de la víctima. Si otros miembros de la familia continúan en hacer sentir mal al niño, usted posiblemente tendrá que limitar el contacto con ellos. Asegúrese que su hijo no esté presente cuando usted comparte su coraje, miedo o preocupación acerca de cualquier cambio en su vida debido al resultado del abuso. Niños tienen la tendencia a pensar de que usted le echa la culpa a ellos en vez de al abusador por todas las dificultades que seguían después de hablar acerca del abuso.

¿Tendrá mi hijo una vida sexual normal cuando sea adulto?

Esto es una preocupación válida. Cuando el desarrollo psicosexual normal del niño es perturbado por el abuso, puede ser muy difícil lograr una vida sexual saludable y feliz. Usted necesita ofrecer a su hijo una visión de una relación sexual amorosa en su vida adulta. Esto será un gran desafío si su pareja fue el abusador y usted siente desilusión y amargura. Usted no quiere que su amargura destruya la oportunidad que su hijo tiene de disfrutar de amor y sexo en el futuro.

Provee a su hijo con información acerca de sexo apropiada para su edad. A pesar de que el niño abusado puede parecer sofisticado en asuntos acerca de sexo, él a menudo tiene las mismas ideas equivocadas que cualquier otro niño tiene. Además, él sabe que el sexo puede causar dolores, miedo y disgusto. Solo está en sus manos el proveer una conversación a su tiempo apropiado y leer materiales para hacerle saber al niño que uno puede gozar del sexo y esta experiencia es una reconfirmación de una relación entre dos personas adultas que se aman y se respetan mutuamente. Si sus valores incluyen la necesidad de casarse, hágale entender a su hijo que usted cree en la posibilidad de un matrimonio bondadoso en que los dos se apoyan uno al otro con un componente importante que es el sexo. Si usted no tiene esto en su propia vida, dedique tiempo con sus amigos quienes disfruten de esto y hable sobre temas de películas y programas de televisión con su hijo para revelar sus valores.

El cambio del cuerpo durante la pubertad puede parecer temeroso a un niño quien fue abusado antes o durante este tiempo. Asegúrese de que su hijo está muy bien informado acerca de lo que es normal y esté disponible a contestar preguntas—y anticipe preocupaciones, si su hijo titubea al hacer preguntas. Libros que tienen buena información sobre cambios durante la pubertad son la serie: What's Happening to My Body—uno para chicos y otro para chicas por Lynda Madaras. Compre el libro apropiado, y léalo usted (usted aprenderá algo), y después déjelo discretamente donde su hijo lo encontrará.

Hágale saber a su niño que usted piensa que él o ella es atractivo tanto en lo físico y así también como persona. Asegúrese que su amargura hacia el abusador no afecte la forma en que su hija ve adultos de ese sexo. Si su hija no participa en terapia al comienzo de la pubertad o cuando comienza a tener pretendientes, algunas visitas al terapeuta en esta ocasión probablemente serán de tremenda ayuda. Si ella tenía una buena relación con su terapeuta y esta persona está disponible, sería mejor volver al mismo terapeuta para continuar el tratamiento.

¿Qué conflictos habrán para mi hija cuando comienza a salir con chicos?

Algunos niños adolescentes quienes han sido abusados les produce pánico la idea de estar con el sexo opuesto y probablemente eviten salir o participar en actividades en las cuales los dos sexos participan. No presione a su hija en participar antes de que ella esté preparada, pero provee oportunidades para que ella se relacione con el sexo opuesto o familiares que pueden apoyarle.

Muchas chicas creen que al abuso les causó a ellas la pérdida de su virginidad, y por esa razón cualquier cosa que ellas hagan sexualmente no tiene consecuencias. Hable claramente con su hija y dígale que su virginidad no consiste solamente de la presencia del himen (la membrana que cubre la vagina) ni la falta de actividad sexual—ella será virgen hasta que ella se sienta comoda a tener relaciones sexuales por su propia voluntad. Ser violada no es decir que ella ya no sirve como compañera en una relación seria y completa. Abuso sexual en la niñez no disminuye el derecho de tener su primera experiencia sexual en mutuo acuerdo y sentir que esta experiencia es especial.

Por lo general, los limites de espacio personal han sido perjudicados en chicas quienes han sido abusadas—por ejemplo, ellas posiblemente se mantengan pasivas cuando han sido tocadas de una forma que las hacen sentir incomodas. Hágale saber a su hija que ella puede decir "no" en cualquier momento, y que ella necesita protegerse manteniéndose en situaciones seguras si es posible. Ayúdele a ella entender que si ella bebe alcohol por que ella está nerviosa o tensa cuando ella sale con alguien, esto hace que su vulnerabilidad incremente.

Muchos sobrevivientes de abuso pasan por un período de tiempo cuando ellos son promiscuosos, en el sentido de tener sexo con varias parejas con quienes ellos tienen una relación superficial. La mujer joven quien hace esto a menudo sufre una vergüenza terrible y culpa en su vida futura. Atención apropiada del genero masculino de un padre que no es abusivo o alguien a quien ella ve como un padre, así como un tío o un abuelo la puede ayudar a prevenir que ella busque el amor en un lugar no apropiado. También le puede ayudar si usted enfoca en las habilidades de ella y sus éxitos mientras que se le provea una dirección clara. Una actitud sospechosa, acusadora o extremadamente controladora ciertamente no será de ayuda.

¿El abuso que recibió mi hijo le causará que se vuelva homosexual?

No hay evidencia que el abuso sexual cambia la orientación sexual en la persona. Muchachos quienes han sido abusados muchas veces se confunden y se irritan acerca de la identidad sexual. Esto se debe a que muchos abusadores son del sexo masculino y su hijo probablemente piense que él es homosexual porque la experiencia sexual pudo haber habido elementos de placer. Usted o el terapeuta de él necesita explicarle a él que muchos hombres jóvenes tienen experiencias sexuales con el sexo masculino y cuando crecen terminan siendo heterosexuales. Sin embargo, a pesar del abuso, su hijo posiblemente es homosexual. Cualquier que sean sus valores acerca de la homosexualidad, es importante no avergonzarle ni degradarlo a él por su orientación sexual, el cual muchos expertos consideran como algo sobre el cual no tenemos control. Si su hijo es homosexual o no, usted tiene el derecho de hacerle saber que conducta usted encuentra inaceptable y también esclarecer de que mientras que él no tiene la culpa por el abuso, él sí es responsable de su propia conducta sexual.

Si otros niños saben acerca del abuso de su hijo, ellos probablemente lo atormentarán y lo acusarán de ser homosexual. Niños y adolescentes por lo general se burlan entre ellos acerca de homosexualidad, lo cual es doloroso a pesar de la orientación sexual del joven. Hágale saber a su familia que burlarse acerca de la orientación sexual de una persona no es aceptable. Aceptar a su hijo como es y esto le ayudará a enfrentar a personas quienes tratan de burlarse de una forma agresiva e inapropiada. La organización nacional de victimación (The National Organization on Male Sexual Victimization *http://www.malesurvivor.org/*) es un recurso excelente para ayudarle a usted a entender los temas que su hijo enfrenta y para encontrar ayuda apropiada para él y usted mismo.

¿Qué conflictos habrán para mi hijo cuando comienza salir con chicas?

Es imprescindible que usted hable francamente con su hijo acerca de las responsabilidades de su actitud con respecto a salir con el sexo opuesto por que el abuso de su hijo introdujo la sexualidad en un contexto de poder, miedo o manipulación. Todos los padres deberían hablar con sus hijos, dado el predominio de comportamiento sexual agresivo de parte de muchachos jóvenes. Hágale saber a él que él tiene que poner en claro a la chica acerca de lo que es y no es aceptable antes de que él haga cualquier cosa incluso besarse. Ayúdele a él a darse cuenta de que hay desventajas en una relación sexual prematura bajo cualquier circunstancias. Asegúrese de que él sabe que él no tiene que demostrar que él es normal ni un hombre por medio de actividad sexual, especialmente en una temprana edad.

¿Cómo puedo ayudar a mi hijo a recuperar su orgullo propio y una imagen positivo de si?

El auto-respeto de si mismo en muchos niños cae rápidamente cuando son abusados. Usted puede reconstruir este auto-respeto diciéndole a su hija que ella es maravillosa. Ella no lo creerá. Ayude a su hija en proveer oportunidades en las cuales ella demuestra que es competente. Por ejemplo, si su hijo tiene talento en el arte, trate de inscribirlo en clases de arte. Niños por lo general se benefician en participar en grupos de jóvenes como chicos exploradores (boy scouts) o chicas exploradoras (girl scouts), el club de 4-H (una organización dedicada a el desarrollo y la educación de las personas jóvenes en colaboración con otros jóvenes y adultos), campamentos, grupos religiosos para jóvenes, etc. por que estos programas enfatizan como lograr y desarrollar habilidades importantes. Participación en los artes en el colegio como bandas musicales, un club de drama o coro, y también los deportes son importantes por que estos ayudan a reconstruir el respeto propio del joven. Un niño quien es temeroso o que espera que todos los demás niños le escojan a él para las actividades, puede beneficiarse de programas de artes marciales. Su apoyo consistente en estas actividades es un mensaje a su hijo que él o ella es importante.

Por medio de palabras y ejemplos, enseñe a su hijo a preocuparse por otros. Un paso importante en el proceso de recuperación es saber que usted es un sobreviviente y la habilidad que tiene de ayudar a otras personas. Incluso un niño pequeño puede recoger provisiones para las personas menos afortunadas o puede dedicar tiempo con usted en asilos de ancianos visitando a personas de la tercera edad que sienten aisladas. Adolescentes tienen muchas oportunidades para servir en la comunidad, y estas experiencias pueden ser una aventura importante en el descubrimiento de uno mismo y el comienzo de una carrera que el joven piensa desarrollar. Dejar de enfocarse en uno mismo ayuda eliminar el compadecerse de uno mismo y la actitud de engreimiento. Usted y la familia pueden hacer unas actividades para servir en la comunidad para crear un sentido de unión familiar, por ejemplo, llevar comidas a personas que necesitan o pasar un sábado en la tarde organizando los estantes de un local de caridad. Hacer algo positivo que vale es un antídoto maravilloso para la depresión y la ansiedad.

Si su hija dice cosas como, "¡Nadie me quiere!" o "¡Soy fea!," no discuta con ella, trate de encontrar el motivo por el cual ella hace ese comentario. Es más difícil decir, "¿Porqué no te gusta como pareces?" que decir, "¡No seas chistosa—tu eres una linda niña!" La primera respuesta puede producir información sobre un problema que tiene solución— ganar peso, como uno lleva su pelo, problemas de piel o gafas feas. Si su hija piensa que ella no es atractiva, no la avergüence ni dé poco valor al problema. Hágale saber a su hija que a la mayor parte de los jovenes no les gustan su apariencia de vez en cuando, pero usted siempre ha pensado que ella ha sido hermosa por que ella tiene una sonrisa muy tierna y unos ojos muy bellos.

¿Qué puedo hacer con respecto a la depresión de mi hijo?

Si su hijo ha recibido ayuda de terapia apropiada, pero usted todavía está preocupada de que él está deprimido, hay muchas cosas que usted puede hacer para producir una diferencia. Primero, dé se cuenta de su propio estado de ánimo. Hay muchas razones para tristeza, pero si usted se demuestra una actitud letárgica, ausente, aislada, negativa, irritable y miserable por un período de tiempo muy largo, asegúrese de que usted recibe su propio tratamiento, lo cual puede incluir medicamentos antidepresivos.

Mientras que la mayoría de los padres no quieren que sus hijos tomen ninguna droga innecesaria, algunos niños y adolescentes sí necesitan medicamentos también. Lo mejor es de dejar a un psiquiatra certificado en psiquiatría de niños y adolescentes hacer el examen inicial en vez de un médico familiar.

Todos los padres de niños abusados deberían leer *The Optimistic Child* por Martin Seligman. Doctor Seligman es un psicólogo muy respetado que ha hecho unas investigaciones fascinantes en prevenir depresión. Él tiene unas sugerencias específicas para ayudarle a su hijo enfrentarse en la vida con una actitud para resolver problemas activamente de vez de desesperarse y deprimirse. Usted puede encontrar que este libro es de mucha ayuda para usted también.

¿Cuánto tiempo mi hijo tendrá que recibir terapia?

Esto varia tremendamente y es algo que usted debería conversar con el terapeuta de su hijo al comienzo del tratamiento y frecuentemente después. Es útil tener terapia intensivo lo antes posible después de descubrir el abuso y después usted debería tener pequeñas consultas cuando hay nuevas preocupaciones o cuando se llega a una etapa de desarrollo difícil. Si el comportamiento y las emociones de su hijo parecen ser bien regulados, pregunte al terapeuta si es tiempo de parar o tomar un descanso.

¿Qué significa sobrevivir?

Un sobreviviente es alguien quien a pesar de haber sido una víctima, no permanece como víctima. Un sobreviviente es una persona fuerte y compasiva quien es capaz de respetarse a si mismo, tener relaciones amorosas y producir trabajo excelente. Niños quienes sufren abuso sexual pueden hacerse adultos sanos. El hecho de que usted se preocupa lo suficiente para leer esta información, quiere decir que usted quiere que su hijo sobrepase el dolor y aprenda a sobrevivir. Usted puede ayudar a su niño a sobrevivir en considerarle a él o a ella como una persona querida y especial (incluso si usted tiene que aguantar conducta que no es muy amorosa) y comunicarle esto de una manera clara. El ayudar a su hijo tomará toda su energía cuando usted todavía está sufriendo las consecuencias de saber que su familia nunca más será la misma. Afortunadamente, los niños son muy fuertes; niños que reciben ayuda profesional y cuidado de adultos que se preocupan por ellos tienen unas buenas probabilidades de recuperarse.

No es suficiente de arreglar la situación a media—usted y su hijo merecen disfrutar de la vida de nuevo. A través del proceso de recuperación, busque experiencias que le hacen reír a usted y a su hijo y descubra placeres en sus propias actividades. Usted no quiere ser solamente la persona a la cual el niño busca cuando él tiene problemas sino también la persona que el niño ve como alguien con quien él puede disfrutar. Su hijo pasa por la niñez solo una vez. Usted puede ser un padre firme y al mismo tiempo una persona alegre con quien su hijo disfruta. Vale la pena buscar cualquier medio de ayuda que usted necesita para hacer esto posible.

Tomar las medidas necesarias para cuidarse a si mismo y reanudar a sus propias actividades cuando la recuperación de su hijo lo permite, proveerá un muy buen ejemplo para su hijo. Si usted puede reconstruir su propia vida, participando en actividades constructivas, y sintiéndose satisfecha en sus relaciones con otras personas, usted demostrará en formas practicas y de una manera positiva que es posible sobrevivir tiempos terribles.

Reconozca que su hijo tendrá progreso pero también recaídas de vez en cuando. A pesar de el trauma del abuso, niños siguen siendo niños con temporadas buenas y malas en el desarrollo normal. Es poco realista esperar que un niño de dos años o doce años coopere totalmente, no importa cuanta recuperación haya ocurrido. Después de haber dormido de manera normal por varios meses, usted posiblemente verá un programa por la televisión que la perturbará y usted tendrá insomnio por varias noches. Permita que usted y su hijo se desvien del proceso sin pensar que esto es una recaída terrible.

Su hijo será un sobreviviente, con su ayuda.

APENDICE

Enlaces con información en español

Varios temas de interés

American Academy of Child and Adolescent Psychiatry
http://www.aacap.org/publications/apntsFam/index.htm

Abuso sexual

American Academy of Child and Adolescent Psychiatry
http://www.aacap.org/publications/apntsfam/sexabuse.htm

Arte Sano—Recursos para sobrevivientes de la violación y la violencia
   sexual que buscan ayuda en español
http://www.arte-sana.com/recursos.htm

Recursos para toda la familia
http://www.familymanagement.com/facts/spanish/apuntes28.html

Diez razones para no emplear castigo corporal
http://www.arte-sana.com/recursos.htm

Como ayudar su higo a mejorarse en la escuela

Información del Dpto. de Educación de EE.UU.
http://www.ed.gov/espanol/parents/academic/tareaescolar/tareaescolar.doc
http://www.ed.gov/espanol/parents/academic/preescolar/part_pg9.html

El sitio web del Centro Nacional de Salud Mental y Educación
http://www.naspcenter.org/espanol/retencion.html

Changing the Face of Child Mental Health (aboutourkids.org)—NYC
http://www.aboutourkids.org/aboutour/articulos_espanol.html

Consejo para padres
http://www.eduplace.com/parents/rdg/sp_succeed.html

Violencia entre la pareja/familia—Organizaciones y centros regionales

Texas Association Against Sexual Assault
http://www.taasa.org/esp/

New York Online Access to Health (NOAH)
http://www.noah-health.org/es/mental/disorders/violence/

Alianza Latina Nacional para Erradicar la Violencia Doméstica
http://www.dvalianza.org

My Sister's Place—Washington D.C.
http://www.mysistersplacedc.org/spanish/aboutussp.asp

Centro de Mujeres del Área de Houston
http://www.hawc.org

Sitio del Albergue para Mujeres Maltratadas, Naples, Florida
http://www.naplesshelter.org/spanish/index.htm

Washington Coalition of Sexual Assault Programs (WCSAP)
http://www.wcsap.org

Alcohólicos Anónimos
http://www.aa.org/default/sp_about.cfm